北京警察学院科研重点项目：
公安人口管理的理论与实践，项目编号：2020KZD03

中国古代社会治安人口信息研究

Research on Population Information of Social Security in Ancient China

黄进 著

法律出版社
LAW PRESS · CHINA
北京

图书在版编目(CIP)数据

中国古代社会治安人口信息研究 / 黄进著. -- 北京：法律出版社，2021(2022.11 重印)
ISBN 978 -7 -5197 -6071 -7

Ⅰ. ①中… Ⅱ. ①黄… Ⅲ. ①人口－治安管理－法制史－研究－中国－古代 Ⅳ. ①D922.142

中国版本图书馆 CIP 数据核字(2021)第 208037 号

中国古代社会治安人口信息研究
ZHONGGUO GUDAI SHEHUI ZHI'AN RENKOU XINXI YANJIU

黄 进 著

责任编辑 许 睿 朱颖超
装帧设计 李 瞻

出版发行 法律出版社
编辑统筹 司法实务出版分社
责任校对 朱铁佳
责任印制 胡晓雅
经　　销 新华书店

开本 A5
印张 4.125　**字数** 103 千
版本 2021 年 11 月第 1 版
印次 2022 年 11 月第 2 次印刷
印刷 北京建宏印刷有限公司

地址：北京市丰台区莲花池西里 7 号(100073)
网址：www.lawpress.com.cn
投稿邮箱：info@lawpress.com.cn
举报盗版邮箱：jbwq@lawpress.com.cn
销售电话：010 - 83938349
客服电话：010 - 83938350
咨询电话：010 - 63939796

书号：ISBN 978 -7 -5197 -6071 -7　**定价**：28.00 元

凡购买本社图书，如有印装错误，我社负责退换。电话：010 - 83938349

目 录

绪　论

在中国古代,人口是一国实力的重要指标,人口治理是一项重要的行政治理,户籍制度是一项非常重要的社会制度。人口是历代封建帝王推行经济、政治、文化、法律、军事等制度的重要依据,也是巩固统治基础、维护社会治安、实行道德礼教的主要途径。即使在今天社会生产生活的诸多领域,人口仍发挥着重要的作用与影响。研究中国古代人口问题,不仅可以了解中国社会的过去,认识中国社会的现在,还可以为新时代中华民族伟大复兴提供借鉴。

人口信息,以"人员身份、亲属关系、法定住址"这三个要素为中心内容。何为人口?《现代汉语词典》对其含义的理解共有三个解释:一是指居住在一定地区内的人的总数;二是指一户人家的人的总数;三是指人的总称。[1] 马克思人口学说更为详细地阐述了这

---

[1] 中国社会科学院语言研究所词典编辑室:《现代汉语词典》(第6版),商务印书馆2012年版,第1091页。

一概念:人口是指生活在一定的社会生产方式下,在一定的时间和地域内,由一定的社会关系联系起来的,有一定数量和质量的有生命的个人所组成的不断运动的社会群体。①

人口管理又称户政管理,其中先要对概念进行明确。

户,在《说文解字》中的解释是:"护也。半门曰户。象形。凡户之属皆从户。"②译为:"户,保护室内的门户。门一半叫户。象形。大凡户的部署都从户。"③由此可见,从原意上讲,户是指对开门的一扇,即半个门。在人口管理中,户是指因婚姻、血缘、收养或工作、学习等关系共住一处的人组成的社会群体。户是进行户政管理的基本单位。户的规模可大可小,可以是一人,也可以是多人。根据现行的《户口登记条例》的规定,户分为家庭户和集体户两类。家庭户,是指以婚姻、血缘、收养等亲缘关系为基础组建家庭而形成的户;集体户,是指以工作、学习等业缘关系为基础在机关、团体、学校、企业、事业等单位内部宿舍居住的人组成的户。户与家庭密切相关,二者既有联系又有区别。通常情况下,在指"人家"时,户与家庭可以通用,户的内涵之一就是人家。但是,从本质上看,家庭是以婚姻、血缘关系或者法律认可的收养关系等亲缘关系为标志的人口群体;而户是以居住地为标志的人口群体,其特征是登记或居住在同一处所的若干人,以共同生活或是从事某种经济活动、社会活动、学习活动而维系起来。"户口"一词较早出现在《史记·萧相国世家》中,"汉王所以具知天下厄塞,户口多少,强弱之处,民所疾苦者,以何具得秦图书也。"④这里的"户口",指的是"住户"和"人口",即指户

① 杨风:《对人口自然属性的探究》,载《济南大学学报(社会科学版)》2011 年第 2 期。

② 汤可敬译注:《说文解字》,中华书局 2018 年版,第 2482 页。

③ 汤可敬译注:《说文解字》,中华书局 2018 年版,第 2482 页。

④ (汉)司马迁撰、(宋)裴骃集解、(唐)司马贞索隐、(唐)张守节正义:《史记·卷五十三·萧相国世家第二十三》,中华书局 2000 年版,第 1612 页。

数和户内的人口数。在人口管理实践中,仍然沿用这个含义,户口即指住户和人口的总称。住户是由人组成的小型群体,是以居住地为标志的;人口是系于住户内的人,户内的每一成员称为一口,因为一人有一口,所以一口就是一人,口即是单个人的代称。

"籍"在《说文解字》中的解释是:"簿书也。从竹,耤声。"[①]译为:"籍,户口册。从竹,耤声。"[②]籍的本义指簿册,据此,登记户口的簿册就是户籍。《辞海》中记录的"户籍"是:"登记居民户口的册籍。"[③]结合人口管理实践,解释"户籍"为:公安部门以户为单位登记本地区内居民的册子。[④] 实际上,户籍就是户口登记机关按照户逐人记载居民身份、亲属关系和法定住址等事项的簿册。现行的户口登记簿册主要有:常住人口登记表、居民户口簿、出生登记册、死亡登记册、迁出登记册、迁入登记册等。户口与户籍联系密切。日常生活中,尤其是口语中,指向居民户口簿时,两者通用。但是,两者的本质是不同的。户口是住户和人口的总称,户籍是户口登记机关通过户口登记而形成的簿册;户口是户籍登记的对象和内容,户籍是登记户口的行政文书的表现形式,是居民户口的法律凭证。户政管理,简称户政,习惯上也称户口管理、人口管理、户口行政管理,是指公安机关依法对公民身份、亲属关系和法定住址等人口基本信息及其变动情况进行登记和管理的行政活动。户政管理是国家的一项基础行政管理,是其他行政管理、社会管理的基础,是一项重要的治安业务和公安基础性工作,具有重要的基础性、行政性和

① 汤可敬译注:《说文解字》,中华书局 2018 年版,第 922 页。
② 汤可敬译注:《说文解字》,中华书局 2018 年版,第 922 页。
③ 夏政农、陈至立主编:《辞海》(上)(第六版普及本),上海辞书出版社 2010 年版,第 1592 页。
④ 夏政农、陈至立主编:《辞海》(上)(第六版普及本),上海辞书出版社 2010 年版,第 1592 页。

一定的强制性。

信息,是指关于某种情况的通信和消息,部分带有机密性质。通俗地说是“有用的信息”,泛指人类社会传播的一切有用内容。人通过获得、识别自然界和社会的不同信息来区别不同事物,得以认识和改造世界。

人口信息,从广义上讲,是指与人有关、反映人口自然属性和社会属性的数据和资料的统称。从狭义上讲,是指社会活动和社会治理所通用的人口身份、住址、隶属关系以及人口数量、构成、变动、分布、质量等信息。人口信息具有以下四个特点:第一,是一种知识内容。人口信息,上至人口结构与质量、人口分布与数量等宏观层面的人口信息,下至社会中每个具体的社会主体的微观层面,在日常生产生活中所形成的各类信息,如身份、地址等。其所涵盖的信息内容是非常巨大的。第二,是可以传递共享。在社会治理与社会服务的过程当中,人口信息既是各项治理、服务活动的行为依据,也是治理、服务内容的体现。同时,个人进行社会生产等活动也需要人口信息作为表现载体,这就要求人口信息必须是可传递共享的。第三,是存在有效期限。人口信息自始至终处于频繁变化之中,这点体现在其社会属性当中。社会属性是指面对经济的发展与社会结构的变化,处于相对平稳状态的社会类信息,如住址、单位等会发生变化。人口信息在社会活动中也会发生变化,不是一成不变的。陈旧的信息不是信息。第四,是能对社会产生影响。人口信息伴随着人的出生至死亡,分布于社会的各个角落、各个行业。基于其流动的基本属性,在时间、空间的跨度上所关联的信息是非常广泛丰富的。

人口信息应用于治安治理有一定的价值。在古代社会中,在制度层面,历朝历代都出台了一系列有利于人口信息在治安治理上的指导性文件,为人口信息在治安治理的应用铺平了道路、搭好了桥梁;在实际操作层面,将人口信息应用于治安治理,能够更好地应对复杂多变的治安状况,并提升基层治安社会化建设水平,提升治安的预测预警、预控预防及打击能力。第一,人口信息应用于治安治理具有必然性。人口信息在治安治理中的应用顺应科学技术的发展建设、治安治理的防控要求;可以应对复杂的治安局势,促进治安社会化发展。人口信息与治安治理相结合,能够提升治安治理效果的预测预警、预防预控以及打击能力。第二,人口信息是应对治安形势的必然性要求。在中国古代,除去战乱,犯罪也一直危害人民的生产生活。主要表现为:跨地区违法犯罪活动猖獗。尽管在古代农业社会中,民众一般被固定在土地上,但是游民、游侠以致流民严重破坏社会治安秩序。本地被治理者守法,跨区域非治理对象违法,形成恶性循环。第三,人口信息是引领治安治理发展的必然方式。中国古代的治安治理随着人口迁徙变化。人口信息应用于治安治理能够提高社会化治理工作能力。在过去,治安社会化虽得到关注但缺乏系统性发展。对治安社会化存在思想误区,根据基层实际建治安网络,根据想法建基层网格,没有形成全局性系统意识。另外,虽然实现了社会化治理的阶段目标,但对后期治理工作缺少合理办法。如信息更新周期长、整合难;由于受人力、物力和财力的制约,存在政策延续性等问题。在信息的判断与分析上仍很大程度受经验影响,以人工分析方式为主,且信息的来源途径相对单一,社会化治理的开展与部署以当前的治安形势为出发点,缺少对社会治安形势的分析与规律总结,运动式的管控导致对社会治理的配置不合理。

人口信息在古代治安治理中有重要的实践意义。

人口信息有利于编制保甲。人口信息的最小单元在基层的户或是丁,社会治安的基础在基层的保甲,国家赋税徭役征收的落脚点在人户。于是由保甲将末端的人户与首端的统治者联系在一起。人户中的人口姓名、亲属关系与常住地址构成人口信息最基本的三要素,由此衍生的土地、房产、牲畜、农具以及奴婢甚至庄园等构成人口信息的基本内容。人户中无论是三要素还是基本内容,一经发生变化,即影响保甲情况,重要的需要立即更正,一般的也要按时修订。保甲组织不是官方机构,它有着民间可调节的弹性范围。在保甲之中,保内各户自然形成互利互助互帮的氛围,人口信息可以完成收集、传递、分析与反馈这样的微小循环。人口信息在保甲中搜集,由于直接深入到户,甚至是丁,信息表现得真实、准确、可靠、及时。人口信息在保甲中传递,各户传递给里长,里长再传递给保长。人口信息在保甲中分析与反馈,一方面,保长拿到信息后与州县下发的标准进行衡量,合格的进行编整准备上报,不合格的打回去重新登记;另一方面,保长拿到信息后要同之前的底册进行比较,发现有重大变化就要仔细研究,若属实则上报,若虚假则打回重新搜集。

人口信息有利于控制迁徙。第一,人口信息指引下的迁徙保障国家安全。中国古代政权的国都一般在中原地区,在抵御外族入侵后,一般将俘虏的外族军队及其家属迁徙到国都附近,便于监视看管。除此之外,还将边境地区的民众迁移到内地,使其不被敌国利用。第二,人口信息指引下的迁徙促进经济发展。明朝之前,我国人口数量较少,相应的荒芜土地较多。为了加大生产力,开垦更多的土地成为直接途径。为此实行徙狭就宽的政策,将人口迁移到荒芜土地上,给予免除徭役的优惠,实现国力的增强。第三,人口信息指引下的迁徙维护社会治安。社会之中的违法犯罪分子,对其采取流放的手段能够达到惩戒的目的。将危险分子从都城迁徙到边关,能够净化首都的社会治安。第四,人口的被动迁徙为国家提出预警信号。当遇到水灾、干旱等自然灾害时,民众为了生存会自发地进行迁徙,这也为国家发出了预警信号。国家发现这种非人为因素迁徙后,会马上组织救灾赈灾活动。

第一章

中国古代社会治安人口信息的社会化采集

第一节　人口信息的任务类型

人口信息的采集，是人口信息活动的第一环节，也是治安信息的基础性工作。在以封建社会为主体的中国古代社会中，尤其是秦汉之后，特别是隋朝大一统格局的建立使中国处于更加复杂且不断演变的人口安全环境中，历朝历代的人口信息治理机构不仅要面临长期的和应急的人口威胁，而且还要受到来自赋税、徭役和利益集团等多层次领域的安全挑战。古代社会信息采集的对象就是人口信息机构实施操作的场所，也是人口安全信息的任务领域与目标对象。

一、人口信息内容的日益增加

夏、商、周时代的《周礼》中记载人口信息采集的内容主要以赋税为主。记录的任务由地官、司民、媒氏承担，对象是乡、遂中的居民。

地官采集的主要内容包括：

夫家之众寡：夫家之男女；众寡指多少。

老幼：即年龄。老是指80岁至90岁的人。幼无明显记载。

贵贱：即身份、职业。“贵谓之卿大夫，贱谓占会贩卖者。”①

废疾：即身体健康情况。

物贾：即家中之财，谷物与钱货。

可食：即可种庄稼、产粮食的土地。当时的耕种郊野土地实行井田制，有耕种的地，也有不耕种的地。在采集信息时要标注耕与不耕，从而计算赋税。

任舍：即是否承担徭役。任，需要承担者，《周礼·地官·乡大夫》中记载：“以岁时登其家之众寡，辨其可任者。国中自七尺以及六十，野自六尺以及六十五，皆征之。”②舍，免除承担者，“国中贵者、贤者、能者、服公事者、老者、疾者皆舍。以岁时入其书。”③

六畜：马、牛、羊、豕、犬、鸡。

车辇：车指畜力车，辇指人力车。

兵器：周代实行族兵制，只有城中之国的人才有资格当兵并持有武器，国以外称之为野，野人没有资格当兵，自然不得拥有武器。媒氏记录婚姻家庭关系。其调查的对象是出生三月以上的男女人口，即“子生三月，父名之”；同时调查婚姻中双方的出生日期、姓名及年龄。《周礼·地官·媒氏》中记载：“媒氏掌万民之判。凡男女自成名以上，皆书年月日名焉。令男三十而娶，女二十而嫁。凡娶判妻入子者，

---

① 陆建伟：《秦汉时期市籍制度初探》，载《中国经济史研究》1999年第4期。

② 徐正英、常佩雨译注：《周礼》（上），中华书局2018年版，第251页。

③ 徐正英、常佩雨译注：《周礼》（上），中华书局2018年版，第251页。

皆书之。"[①]

除此之外，在断狱中也注意人口信息。"司民掌登万民之数，自生齿以上，皆书于版。辨其国中与其都鄙，及其郊野，异其男女，岁登下其死生。"[②]"生齿"是指男孩八月间、女孩七月间生长出牙齿；"版"是户籍簿册；"异其男女"指性别；"国中"、"都鄙"和"郊野"是指居住的具体地址。"岁登下其死生"，即每年都登记上出生的、去除掉死亡的，以便统计。

春秋时期齐国的管仲实行什伍制，以此为目标采集人口信息。具体内容包括了人数、性别、年龄、身体，由此确定其服徭役情况。

秦朝作为第一个统一的帝国，其人口信息采集沿袭战国时代特点。商鞅变法的重要一项是按照爵位等级占有土地、房屋和奴隶等生产资料。据《史记 · 卷六十八 · 商君列传第八》中记载："明尊卑爵秩等级，各以差次名田宅，臣妾衣服以家次。"[③]秦国以此为基础，在全国范围采集人口信息，并进行动态调整。出生的登记，死亡的削除。采集的内容以量化呈现，不仅包括人口数量，还涉及人员结构和资源占有。秦朝人口信息采集不以年龄为标准，而以身高为尺度，因为年龄可以隐瞒，而身高不可以，这样更加客观以利徭税。不仅如此，还要进行"貌阅"防止隐瞒。

汉随秦制，人口采集的内容较之秦朝更加详实，重视貌阅、增加年龄，并且田地要进行评估"以备赀算"。汉代登记户口的簿册称为"名籍"、"名数"和"名县爵里"等，意为：有名籍于县、里。诸如：史名籍、史

---

① 徐正英、常佩雨译注：《周礼》（上），中华书局 2018 年版，第 302 页。

② 徐正英、常佩雨译注：《周礼》（下），中华书局 2018 年版，第 768 页。

③ （汉）司马迁撰、（宋）裴骃集解、（唐）司马贞索隐、（唐）张守节正义：《史记 · 卷六十八 · 商君列传第八》，中华书局 2000 年版，第 1765 页。

卒到职名籍、史受俸名籍、史家属名籍、卒名籍、卒家属廪名籍和符等。以史名籍为例，记录了具体到郡、县、里的住址；爵位情况；姓名、年龄、身高和肤色等。“符”类似于现在的居住证，内容包括：填写日期、姓名、身份、户主地址和户内情况，其中户内情况按照妻（须注明原籍）、子（不论男女）、弟（不论男女）和子弟的配偶，每人都要注明徭役情况（大男、大女、小男、小女之类）。

从《三国志》等史料，结合曹魏的“给客制”、两晋的“复客制”及“客皆注家籍”等规定，可以推论当时的户口登记按户进行，有详细的出身及身份调查；从曹魏屯田制、两晋南北朝的占田制，推论当时也记载土地和赀产情况。根据在敦煌被发现的西魏大统十三年（547 年）的账簿，此时的人口信息内容较为固定，包含了：户主的姓名、出生日期、年龄、身份、户类、户等；户内人员（包括奴婢）的与户主关系、性别、姓名、年龄、异动（生、死、娶、嫁、徙等）；户内牲畜：数量、颜色、大小；应纳租数：布、麻、租的数量；应耕田亩：已受、未受、麻田、正田、园宅等数量；田亩四至；所接受土地的备注。

隋唐时期人口信息的采集情况，从敦煌、吐鲁番等地发掘的残卷中可以窥见端倪。一个是自下而上的申报，内容包括户内人口情况和土地数量，称为“手实”；一个是自上而下的登记，即为户籍。户籍以手实为基础，按照人口土地的顺序登记。

宋朝人口信息采集内容主要记载在五等丁产簿和甲册上。五等丁产簿以赋税、徭役为目标，其主要内容仍旧是：人口、土地和税役甲册是变法的产物，称为替代五等版簿的税役依据，不仅记载主户、还记载客户以及户内土地等情况。宋朝登记人口出现“记男不记女”的情况，因为在兵役、耕种中，男子可以充当劳力使用，而女子不能。

元朝人口信息根据户籍类别有专门机关进行登记。一般的民户按照户等的高低登记在“鼠尾簿”中，包含了人口、土地、奴婢、牲畜和其他家产。

明朝人口信息采集的内容体现在人户自己保存的户帖和官府制作的各类户册中。关于户册，在下文的信息分类中一并介绍。户帖，沿袭唐宋的户掌名目，类似于今天的“户口簿”。一式两份，一份由人户自行保存称为“户帖”，另一份交官方备查称为“户籍”，官员每年将两本对照检查。清朝人口信息采集内容记载在不同的簿册中，在下文的信息分类中一同介绍。

二、人口信息结构的体系规模

随着人口信息采集内容的日益增多，单一的模式不能满足需要，逐渐形成了内容完善的体系规模。

《周礼》中《天官》的宫伯，负责掌管王宫中所有登记在册宿卫王宫的士、庶子①；《春官》的小宗伯，掌管区别三族②（九族③）中的远近，以辨别他们关系的亲疏④；《夏官》的职方氏，掌管天下地图，以掌握天下土地、辨别各诸侯国民众的数量及其财物⑤；《秋官》中的乡士⑥、遂士⑦、县士⑧分别掌管六乡、六遂及四郊、野地四等公邑所辖乡的民众数量并督查乡民遵守戒令以及进行诉讼活动。

明朝手工业的迅速发展，使人口信息簿册分类成型，形成了：玉牒、

① 徐正英、常佩雨译注：《周礼》（上），中华书局 2018 年版，第 74 页。

② 三族：父、子、孙。

③ 九族：自己，上有父、祖、曾祖、高祖。下有子、孙、曾孙、玄孙。

④ 徐正英、常佩雨译注：《周礼》（上），中华书局 2018 年版，第 418 页。

⑤ 徐正英、常佩雨译注：《周礼》（下），中华书局 2018 年版，第 695 页。

⑥ 徐正英、常佩雨译注：《周礼》（下），中华书局 2018 年版，第 755 页。

⑦ 徐正英、常佩雨译注：《周礼》（下），中华书局 2018 年版，第 757 页。

⑧ 徐正英、常佩雨译注：《周礼》（下），中华书局 2018 年版，第 759 页。

户帖、黄册、白册、烟门册以及鱼鳞册、鼠尾册、逃户周知册等多种类别。

玉牒，专门记载皇亲宗室人口，在明朝之前的封建王朝都有类似册籍。玉牒归宗人府管理。宗人府据《明史・卷七十二・志第四十八・官职一》中记载："宗人府。宗人令一人，左、右宗正各一人，左、右宗人各一人，并正一品掌皇九族之属籍，以时修其玉牒，书宗室子女适庶、名封、嗣袭、生卒、婚嫁、谥葬之事。凡宗室陈请，为闻于上，达材能，录罪过。"①"九族"为玉牒登记的对象，具体包括：高、曾、祖、父、己、子、孙、曾孙、玄孙。

黄册，明朝主要户口册籍。因使用黄色纸张得名。据《明史・卷七十七・志第五十三・食货一》中记载："上户部者，册面黄纸，故谓之黄册。"②黄册记载的内容，据《明史・卷七十七・志第五十三・食货一》中记载："先是，诏天下编黄册，以户为主，详具旧管、新收、开除、实在之数为四柱式。"③

鱼鳞册是地籍，其可以追溯到南宋实行经界法时记录土地情况的"鱼鳞图"，元朝记载田亩形状的"鱼鳞符"，据《明史・卷七十七・志第五十三・食货一》中记载："区设粮长四人，量度田亩方圆，次以字号，悉书主名及田之丈尺，编类为册，状如鱼鳞，号曰鱼鳞图册。"④

黄册与鱼鳞图互为经纬，相互对照，以防徇私舞弊。前者是以人口为主，田地附之，户籍中的地籍；后者是以田地为主，人口附之，地籍中

---

① （清）张廷玉等撰：《明史・卷七十二・志第四十八・官职一》，中华书局2000年版，第1156页。

② （清）张廷玉等撰：《明史・卷七十七・志第五十三・食货一》，中华书局2000年版，第1254页。

③ （清）张廷玉等撰：《明史・卷七十七・志第五十三・食货一》，中华书局2000年版，第1256页。

④ （清）张廷玉等撰：《明史・卷七十七・志第五十三・食货一》，中华书局2000年版，第1256页。

的户籍。白册是地方政府自制籍册,即便如此设计之严密,难挡各个地方不能依实上报,加之十年一编造周期长,地方官员自造户籍,统计辖区人口、土地物产,作为征收徭役赋税的依据。据《明史·卷七十七·志第五十三·食货一》中记载:“其后黄册只具文,有司征税、编徭,则自为一册,曰白册云。”①

清朝的玉牒与前朝一致,记载皇室宗族人口。其主要内容包括:“左、右二司分掌左、右翼宗室、觉罗谱牒,序录子女嫡庶、生卒、婚嫁,官爵、名谥;并核承袭次序,秩俸等差,及养给优恤诸事。”②清朝新增了《赋役全书》,即“先列地丁原额,次荒亡,次实征,次起运存留。起运分别部寺仓口,存留详列款项细数。其新垦地亩,招徕人丁,续入册尾。每州县发二本,一存有司,一存学宫。”③《赋役全书》是针对人口的预算簿册,记载本地区人丁数额、土地多少、荒芜多少、实际情况多少、应缴赋税多少、地方留存多少、留存项目的具体数额、新增人丁多少、新开垦土地多少。清朝的黄册是辅助《赋役全书》使用,记载丁口数,“丁有民丁、站丁、土军丁、卫丁、屯丁。总其丁之数而登黄册”④,与《赋税全书》相表里。与预算册相对应,清朝还有实征册——《编审册》。其由地方编造上报,以丁为主,同时注明土地、粮食和银两情况。《编审册》借鉴明朝黄册“四柱式”,按照旧管、开除、新收、实在分别注明应承担的赋税数额。

---

① (清)张廷玉等撰:《明史·卷七十七·志第五十三·食货一》,中华书局2000年版,第1254页。

② 赵尔巽等撰:《清史稿卷一百四十·志八十九官职一》,中华书局2021年版,第2340页。

③ 赵尔巽等撰:《清史稿卷一百二十一·志九十六食货二》,中华书局2021年版,第2527页。

④ 赵尔巽等撰:《清史稿卷一百二十·志九十五食货一》,中华书局2021年版,第2497页。

第二节 调查登记的方法手段

一、信息采集的理论基础

《管子》托管子之名而成书，记录了战国时期齐国管仲学派的思想，内容丰富。不仅有治国方略，而且包含了系统丰富的军事理论与信息思想。其中的《管子·八观》尽管是一篇军事论述，但是其为古代治安的信息采集奠定了理论基础。“八观”即八大任务，简述如下：

“一观”的内容是“行其田野，视其耕芸，计其农事”，通过观察土地人口，判断敌国饥饱。

“二观”的内容是“行其山泽，观其桑麻，计其六畜之产”，通过观察矿产资源及工商业者，判断敌国贫富。

“三观”的内容是“入国邑，视宫室，观车马衣服”，通过观察皇室宗亲，判断敌国侈俭。

“四观”的内容是“课凶饥，计师役，观台榭，量国费”，通过观察灾荒流民，判断敌国虚实。

“五观”的内容是“入州里，观习俗，听民之所以化其上”，通过观察公序良俗，判断敌国治乱。

“六观”的内容是“入朝廷，观左右，求本朝之臣，论上下所贵贱者”，通过观察政府官吏，判断敌国强弱。

“七观”的内容是观其“置法出令，临众用民，计其威严宽惠，行于其民与不行于其民”，通过观察民众接受法令的结果，判断敌国兴废。

“八观”的内容是“计敌与，量上意，察国本，观民产之所有余不足”，通过观察君主意志，判断对方存亡。

以上八条采集内容，非常全面具体，既有经济信息，又有政治信息，尽管最终落实在军事信息上，但是都以人口信息为载体。在经济方面，既包含了土地人口，他们作为基础经济决定饥饱，又囊括了工商业者，他们作为副业影响贫富。既有承担赋税人口的实地调研，也有承担差役人口的建设开发。在政治方面，既有民众接受法令执行情况，也有关于民众社会生活的公序良俗，更有政治上层君主的意志体现。通过这些情况，可以看出对方的战略意图。如果认真分析，可以作为对外交往的重要依据。

通过对“八观”内容的分析，我们可以得出信息采集的四个鲜明特点：一是对于信息采集的指导方法上，“八观”任务明确、要求具体。对于每一项信息任务，都详细规定了采集的具体内容。二是对于信息采集的目标方向上，“八观”涉及多个领域，强调全方位信息调研，反映了战国时期信息工作的发展情况，体现了对信息工作的巨大需求。三是对于信息采集的性质内容上，“八观”所要求采集的信息，既有微观考察，也有宏观探索；既有基本情况，也有战略情况；既有静态信息，也有动态信息。四是对于信息采集的源头载体，“八观”都落实在人口上，不论君主还是百姓，不论人口自身还是其人身附带，不论人口生产还是人口生活。

《八观》全文没有一句主观臆断、没有一句占比天算、没有一句封建落后思想。《八观》首先要求人们正确把握对方饥饱、贫富、人心等情况，依据客观事实得出客观结论。在这个基础上预判敌国兴废存亡。这种分析过程，建立在已经掌握的客观信息基础上。具体包含诸多内容，例如自然资源的开发利用、政策法规的落地效果、社会生活的公序良俗、君主民众的亲密关系等。正是通过这种全面的信息采集与分析，所得治乱、兴废和存亡的结论才合乎逻辑令人信服。《八观》所体现出的是一种非常标准的信息收集、分析过程，这个过程有着科学的思考、切实的分析和可靠的预判。

《八观》所运用的信息术语依照科学逻辑展开，彰显科学精神。这些术语分为采集和分析两种。采集的术语如“行”即巡视、“观”即观察、“课”即考察；分析的术语如“计”“量”，反映了根据已知定性现象经过计算得出定量结果，做出定性判断这一信息分析过程。研究中国古代信息理论，定性分析较多而定量分析较少。《八观》恰好是一种有机补充。“计”和“量”都是定量分析术语，表达了古人进行信息分析的量化过程。例如，在“四观”中，不仅要“课凶饥”与“观台榭”，而且要“计师役”，即计算服兵役与服劳役的人数，“量国费”即估算国家财政开支数额。根据当时生产力水平和军事行动需求，判断准备军事行动的人口比例变化。如果有十分之一的人参军，就有十分之二的人为其提供军费和辅助差役，造成有十分之三的人不参加农业生产，这样全国的粮食产量就会减少30%。这些非常量化的分析可以说是现代信息分析学的基础。《八观》强调现场调查尤其是实地观察，并与定量分析一起使用，表现了由此及彼、由表及里的科学理性。这种信息分析模式，使信息整理加工、综合分析和预期研判的过程令人信服。例如，在“一观”中，从现场调查是否深耕细作、是否合理种植、是否掌握土壤性质以及熟地荒地比例、人口耕地比例，推算出国家的饥饱状态。

二、日常采集的时间方法

《周礼》中记载人口信息采集分为三个时间节点：季度、年终和三年。据《周礼·地官·小司徒》中记载：“乃颁比法于六乡之大夫，使各登其乡之众寡、六畜、车辇，辨其物，以岁时入其数，以施政教，行征令。”①“岁时”即每季度。小司徒向六乡的大夫颁布采集的方法（校比法），使每乡大夫各自登记本乡人口的数目、六畜和各种车辆的总数，弄清各家的财务情况，每年按季度向小司徒呈报数字，便于小司徒开展政治教化，进而开始发布征讨赋税的法令。“岁终，则考其属官之治成而诛赏，令群吏正要会而致事。”②“岁终”即年终。每年夏历年终，小司徒对所属官吏进行考察，根据其文书记录进行处罚和奖赏，使官吏审慎地整理全年的会计文书（人口信息是重要内容）而呈报上来。“及三年则大比。大比则受邦国之比要。”③“大比”即全国性的人口及财产统计。等到三年就要进行大校比。大校比时小司徒要接受各个诸侯国呈报上来的登记校比，用以统计包含人口在内的簿册。《周礼》中记载人口信息采集使用平战结合的方法。首先是，大司马带有目的性地进行核查。据《周礼·夏官·大司马》中记载：“大司马之职，掌建邦国之九法，以佐王平邦国。……简稽乡民，以用邦国。”④大司马在辅佐诸侯国国王时，核查诸侯国的乡民数，以便在需要的时候进行征召。其次是，小司徒协助大司马完成军事编组行政化，将军队组织中的“伍、两、卒、旅、师、军”与行政组织的“比、闾、族、党、州、乡”进行对应。“乃会万民之卒伍而用之。”⑤最后形成了以军事组织归纳人口信息，完成维护社会秩序、征讨赋税的目的。“五人为伍，五伍为两，四两为卒，五卒为旅，五旅为师，五师为军，以起军旅，以作田役，以比追胥，以令贡赋。”⑥以伍、两、卒、旅、

---

① 徐正英、常佩雨译注：《周礼》（上），中华书局 2018 年版，第 235 页。
② 徐正英、常佩雨译注：《周礼》（上），中华书局 2018 年版，第 242 页。
③ 徐正英、常佩雨译注：《周礼》（上），中华书局 2018 年版，第 235 页。
④ 徐正英、常佩雨译注：《周礼》（下），中华书局 2018 年版，第 609 页。
⑤ 徐正英、常佩雨译注：《周礼》（上），中华书局 2018 年版，第 236 页。
⑥ 徐正英、常佩雨译注：《周礼》（下），中华书局 2018 年版，第 236 页。

师、军构建军事组织，用以征讨作战、田猎劳役、抓捕盗贼和缴贡纳税。两种建制并行，实现了平时为民，战时每家出一人为兵；平时的行政长官，战时的军事首领。在一年四季的春夏秋冬进行田猎演习，进行战阵、辨名、载物、修法等科目练习，都是按照军政一体的原则训练兵卒，核对兵员的数量，客观上完成一次人口调查。

秦朝实行自下而上的“自占”与自上而下的“案比”两种人口调查方法，并沿袭到汉朝。“自占”即自行申报人口情况。秦始皇要求户主人主动申报户口土地情况。户主申报之后，还要等待官府的查验，称之为“案比”。案验以比之，犹今貌阅也。据《后汉书·江革传》中记载：“建武末年，与母归乡里。每至岁时，县当案比，革以母老，不欲摇动，自在辕中挽车，不用牛马，由是乡里称之曰‘江巨孝’。”①孝子挽车带老母接受官员的查验，制度之严格可见一斑。

汉朝实行“八月算赋”的制度。据《后汉书·皇后纪序》中记载：“汉法常因八月算人，遣中大夫与掖庭丞及相工，于洛阳乡中阅视良家童女，年十三以上，二十以下，姿色瑞丽，合法相者，载后还宫，择视可否，乃用登御。”②说明当时已经形成这项制度。其他材料也有佐证。

隋唐时期登记人口信息的载体分为“帐”和“籍”两种，其登记的时间不同。据《新唐书·食货志》中记载：“十六年，乃诏每三岁以九等定籍。”③“帐”在《新唐书·食货志》中记载：“凡里有手实，岁终县民之年与地之阔狭，为乡帐。乡成于县，县成于州，周成于户部。又有计帐，具

---

① （宋）范晔撰、（唐）李贤等注：《后汉书卷三十九·刘赵淳于江刘周赵列传第二十九》，中华书局2000年版，第875页。

② （宋）范晔撰、（唐）李贤等注：《后汉书卷十上·皇后纪第十上》，中华书局2000年版，第265页。

③ （宋）欧阳修、宋祁撰：《新唐书·卷五十一·志第四十一·食货一》，中华书局2000年版，第884页。

来岁课役以报度支。国有所须,先奏而敛。"①"计帐"是指户部的税收预算簿。它依据乡帐得出,乡帐又是依据民户手实编造。手实是年终民户自己申报,内容包含了人口和土地。所以说,在记帐前先要调查户口。"籍""户籍"则是根据手实、计帐编造。"籍"每三年进行一次,时间在正月上旬。由此可知,唐朝民户的调查是在每年的年终,编造乡帐和计帐;每三年根据手实和计帐编造户籍,即每三年重新登记一次人口,时间在正月上旬。对于民户之外的户籍,定时登记的时间不尽相同。例如,皇族宗室奴婢的变动是每年正月登记一次;僧侣道等宗教人员或三、五、十年登记一次;新罗、日本的留学生若居住满九年,则要进行登记。

隋唐依旧沿用"手实"和"貌阅"方法进行人口调查。"手实"的方法与前朝一致,每年年终由户主自行申报户内人口、土地。之后由里正汇总上交县、州。它既是税收乡帐、计帐、户籍的基础,也是一种人口信息。"貌阅"也称"貌定"或"团貌",是官方查验户口的主要办法。据《隋书·食货志》中记载:"是时山东尚承齐俗,机巧奸伪,避役惰游者十六七。四方疲人,或诈老诈小,规免租赋。高祖令州县大索貌阅,户口不实者,正长远配,而又开相纠之科。大功已下,兼令析籍,各为户头,以防容隐。"②"大索"即大搜查;"貌阅"即对人员进行当面审查,核实其有无欺诈行为;"相纠之科"即鼓励民众相互间检举揭发。"貌阅"的方法在唐县令有所呈现。县令貌阅的对象主要是"五九"③和"三疾"④之人。"五九"之人转年之后,其徭役和赋税都发生变化,或成丁(20 岁)

---

① (宋)欧阳修、宋祁撰:《新唐书·卷五十一·志第四十一·食货一》,中华书局 2000 年版,第 882 页。

② (唐)魏徵撰:《隋书卷二十四·志第十九·食货》,中华书局 2000 年版,第 462 页。

③ 五九:十九、四十九、五十九、七十九、八十九。

④ 三疾:残疾、废疾、笃疾。

负担赋役、或减免赋役(50岁免除部分赋役,60岁免除所有赋役,80岁、90岁可以配给侍丁),所以必须严加审核。“三疾”之人,也可减免部分赋役,同样需要严格审核。随着唐朝国力的下降,貌阅的制度逐渐成为一纸空文。

宋朝登记人口的时间与唐朝相同,都是年年调查、三年造籍。具体的时间在岁末年初。如果人口、土地发生变化,则要随时上报,不受登记之日限制。一方面地方政府不能及时调查登记,导致保管的帐籍与实际的情况经常不符;另一方面中央政府对人口、土地的变动非常重视。

宋朝调查人口户籍的主要方法仍是“手实”法。手实之后官府还要进行核验。《宋史》中有这样一个例子,苏颂知建业:“时建业承李氏后,税赋图籍,一皆无艺,每发敛,高下出吏手。颂因治讯他事,互问民邻里丁产,识其详。及定户籍,民或自占不悉,颂警之曰:‘汝有某丁某产,何不言?’民骇惧,皆不敢隐。”[①]苏颂是负责的官吏,对自占者的情况早已了如指掌,故能道破其隐。

元朝进行人口调查的方法,基本上沿袭前朝实行的“手实”。在实际操作中,有的地方官吏则不能认真执行。

明朝调查人口的时间周期是一年,具体时间一般在一月至三月间。据《明史·卷七十七·志第五十三·食货一》中记载:“太祖籍天下户口,置户帖、户籍,具书名、岁、居地。籍上户部,帖给之民。有司岁计其登耗以闻。”[②]“司岁及其登耗”,即每年登记一次。为了更加准确掌握

---

① (元)脱脱等撰:《宋史卷三百四十·列传第九十九·苏颂》,中华书局2000年版,第8678页。

② (清)张廷玉等撰:《明史·卷七十七·志第五十三·食货一》,中华书局2000年版,第1253页。

户籍变动情况，地方政府还要将本地的人口、土地、钱粮、刑狱等情况，每季度造册上报中央。出现人口信息异动，须立即上报，不等季度时间节点。

明朝人口调查的方法是依托里甲制按时登记。尽管制度设计非常严密，但是在地方官吏执行的过程中往往大打折扣敷衍塞责。以至于到明朝后期，这一方法规定只留存于纸面。

清朝采集人口信息一般以一年为一周期，具体的随着政策的调整而变化。清朝初期沿袭明制，每年都要上报；清朝实行编审法后，五年一报告，意在查清丁口、土地；编审的意义降低而保甲制施行之后，时间改为随保甲进行，为每年报告。“编审五年一举，虽意在清户口，不如保甲更为详密，既可稽察游民，且不必另查户口。请自后严饬编排人丁，自十六岁以上，无许一名遗漏。岁底造册，布政司汇齐，另造总册进里。册内止开里户人丁实数，免列花户，则簿册不烦而丁数大备矣。”[①]清朝前期沿袭明朝里甲做法，由里甲组织申报人口情况，编辑造册。清朝中后期改为通过保甲法登记人口。（康熙）四十七年（1708 年）申行保甲之法。遇到人口信息异动，要随时上报。

三、计量户等的时间方法

在人口户籍中计量家产评定等级，按照户等高低分派赋税徭役，是人口信息采集的重要内容。先秦的户口等级中，人户家产已是一项十分重要的内容。汉朝户口调查已有“赀算制”，即将人户家产折赀计量，按此征税。魏晋时期，在人户登记中评赀论等。之后历朝历代，延续

① 赵尔巽等撰：《清史稿卷一百二十・志九十五食货一》，中华书局 2021 年版，第 2498 页。

此法。

秦汉时期已有按人口征税的制度。汉朝的口赋、算赋,就是人头税。在征收时,称为调、下调、调钱、调发、调送、调度等。开始征收钱币,之后折合实物。但实物需要整数,而按口征收难免零碎,故采用按户征收保证基本完整。但是东汉末年战乱极大地冲击了封建自然经济,赋税又以实物充之。原来的户口版籍多有不实,按人征收施行困难,按户征收较为实际。曹魏进行了户调制度改革。户调制度,首先是变钱为物,其次是按人户不按人口,最后是数量额定。这一制度既有利于政府的赋税摊派,又利于调动农民生产的积极性。原来按照人口征税时,本着"有口有赋、无口无赋"的原则较为公平。但在按照人户征税时,出现户内人数有多有少、有男有女、有老有少以及土地有多有寡、有厚有薄的各种情形。在数量额定的前提下,具体到每一户出现有重有轻的情况。解决这一问题的办法就是对人户的家产进行计量赀算,根据赀算的数额决定赋税的多少。这一过程也称为"平赀"。"平赀"是指调查人户家产情况,评定高下。具体到办法是"九品想通,皆输于官",即根据家赀多少,把人户分为九等,从高到低,每等所纳户调数量递减,但总体算下来,每户纳调数量等于法定额度。

隋唐时期采取"输籍定样"的形式计量户口等级。据《隋书・食货志》中记载:"二月,又诏社仓,准上中下三等税,上户不过一石,中户不过七斗,下户不过四斗。"①唐延隋制并进行细化改为九等。武德六年(623 年)三月,令天下户量其赀产,定为三等。隋朝评定户等的时间多是在每年正月,此时正值春节,全家团圆且处于农闲时间,评等工作不会妨碍农业生产。唐朝户口登记的时间也多在正月上旬。隋朝计量评

① (唐)魏徵撰:《隋书卷二十四・志第十九・食货》,中华书局 2000 年版,第 464 页。

定的办法据《隋书·食货志》中记载："高颎又以人间课输，虽有定分，年常征纳，除注恒多，长吏肆情，文帐出没，复无定簿，难以推校，乃为输籍定样，请遍下诸州。每年正月五日，县令巡人，各随便近，五党三党，共为一团，依样定户上下。"①即现有中央政府制定一个模板，下发到各州县。县令亲自巡视辖区，将人户按照三、五党进行集中，按照中央模板进行计量评定户等。唐朝的办法又称"定户"，定户负责人是县令，定户时县令与村、乡"对定"，上下协同。同时"审于众议，察以资财"，让群众评议，防止官员徇私舞弊。定户之后要上报州、府审核，然后纳入籍中。

宋朝计量户等的范围是主户。主户包含了官户、形势户、专业户、坊郭主户、商户、丁户和女户等各种人户。宋朝计量户等的主要依据与前朝大体相同，只要是动产和不动产。不动产中首要项目是土地。尤其是在乡村户中，推排物力的主要根据就是土地的多少。但土地入赀的形式，各地有所区别。有的地区只计算家户的土地亩数；有的地区按照土地质量分等计算；有的地区以应纳赋税推算；有的地区只记人户播种的数量，不计土地亩数。不动产中第二大项是房屋，尤其是坊郭户、商户，登记居住房屋，重点计量用于经营性的房屋、店铺。乡村户的房舍，虽不在法定计赀范围，但往往被记入赀中。有时还要计算房屋附近的树木。据《宋史·食货志》中记载："中书议劝民栽桑。帝曰：'农桑，衣食之本。民不敢自力者，正以州县约以为赀，升其户等耳，宜申条禁。'"②动产范围较广，难以法定。据《宋史·食货志》中记载："然当时之弊，或以小民粗有米粟，仅存室庐，凡耕耨刀斧之器、鸡豚犬彘之畜，

① （唐）魏徵撰：《隋书卷二十四·志第十九·食货》，中华书局2000年版，第462页。

② （元）脱脱等撰：《宋史卷一百七十三·志第一百二十六·食货上一农田》，中华书局2000年版，第2791页。

纤微细琐皆得而籍之。吏视赂之多寡，为物力之低昂”。[1] 宋朝民户坊郭户分十等，乡村户分五等。各等的具体赀产标准，因时因地而异。户等计量评定推排的时间大约是三年一次。“壬午，命州县三岁一置产业簿，籍民赀财田宅以定赋役，禁受赇亏隐旧额。”[2]

宋朝计量评定的具体方法也因时因地而异，但最基本的是“推排”和“手实”两种。推排，也称“推排物力”，其流程是：第一，“委之官吏”，明确由州、县、乡、里、保主要官员负责，由上到下，落实责任。第二，“就门通抄”与“自相推排”，一方面由基层保甲中的大保、都保逐户调查，再交众人评议，推排等次；另一方面将调查人员相互隔离，各自进行登记。如果发现有大面积不同，便可认为有舞弊行为。第三“出榜晓示”，调查评议后，由州县“分明出榜”，使人户得知，以防官吏“私受人物，推排不公之弊。”第四“比照旧簿、销旧注新”，等级确定后，有升有降，人财物力的变化须及时在丁产簿上注明。第五“监司监督”，由监司对上述程序“常切检点”，如有徇私舞弊者，许人户越诉，当事官吏以违制论。手实之法，古已有之。与推排不同之处在于，手实是以民户自行上报赀产为主，同时重赏告发隐匿者，对坊郭户和商贾加倍折赀。但手实中，忽略了民户家庭生活用品折旧问题，施行一段时间后即罢之。宋朝通行的计量户等的方法仍是推排。

除此之外，宋朝政府还会遇到特殊情况，采取特殊办法。一是典卖家产，要及时推割赋税物力。按照户等推排期限，“二额悉已立定，如户

---

① (元)脱脱等撰：《宋史卷一百七十八·志第一百三十一·食货上六役法下》，中华书局2000年版，第2904页。

② (元)脱脱等撰：《宋史卷二十九·本纪第二十九·高宗六》，中华书局2000年版，第370页。

力应升应降，须俟三年造簿日按籍别定；未应造簿，止凭定额为准。”[①]这样，民户典卖家产后，就会出现“产去税存”的情况。对此，曾规定随时将赋税推割于得产之家。否则，要处以乡书手和令、佐刑罚，人户可以上诉。二是分户析产。宋朝分户析产问题普遍，政府一方面严格限制，另一方面采取措施保证推排公平。

元朝计量户等的范围仍是全体户籍，只是军户、人匠单独划分。计量的依据主要是“事产多寡”。事产之中，土地犹为重要，城镇中的商人和手工业者，按其赀金划分户类。元朝户口等级一般分为三等九甲，即上、中、下三等之中，每等又分为上、中、下三级，共分九级。元朝城乡人户的赀产、户等情况都登记在“鼠尾簿”中。“鼠尾簿”因簿中人户是按赀产、户等高低排列，富强的上户在前，贫弱的下户在后，记录在纸上犹如老鼠的尾巴由粗到细而得名。“鼠尾簿”编造的过程就是计量户等的过程。其程序是，地方官吏到人户家中，就门查验事产物力，详细登记，然后品答高下。以便及时调整。但在实际中，有的地方官吏懒政，派人给每户发纸，令自行贴注门首，在派人取回后抄写计量定等。

明朝的军、民、匠、灶及铺户都要计量定等。清沿明制，计量的范围同明朝。明朝计量定等的主要依据是人口和田产，但存在小的差异。清朝与明朝在计量定等上原则相同。明朝户等原则上是三等，有时细化为九等。明朝编造黄册时，据《明史·卷七十八·志第五十四·食货二》中记载：“迨造黄册成，以一百一十户为一里，里分十甲曰里甲。以上、中、下户为三等，五岁均役，十岁一更造。”[②]清朝则规定：“凡军、民、

① （元）脱脱等撰：《宋史卷一百七十八·志第一百三十一·食货上六役法下》，中华书局2000年版，第2899页。

② （清）张廷玉等撰：《明史·卷七十八·志第五十四·食货二》，中华书局2000年版，第1271页。

匠、灶四籍，各分上中下三等。”[①]明朝计量户等通常与编造黄册一起进行，而黄册是“十岁一更造”，即户等是十年一评定。之后有“五岁均徭”的说法，也可能是五年一调整。其总的周期较之前朝间隔变长。明清计量户等的方法与前朝基本相同，流程是：基层官吏开报、面审验定、出榜晓示、赏告不实和居实填注等。

第三节　户籍簿册的整编保管

西周有名目繁多的簿册，例如：版图（登记户口、田产的户籍、地图）、要会（考比簿书）、比居（兵役的伍籍）、简籍（登记兵器的簿书）、礼命（登记官吏职位、俸禄的策书）、质剂（买卖契约）、傅别（债券）等。其中以人口信息为主要内容的是“版图”和“要会”。“版”即户籍、名籍，由秋官负责编造。《周礼·秋官·司民》中记载：“自生齿以上皆书于版……岁登下其死生”[②]，由此可知，其每年都要重现修正登记。“要会”，分为“要”和“会”，即“谓计最之簿书，月计曰要，岁计曰会”，同时也称“比要”，是调查登记户口、财产的簿书。地官的户口登记有四时、年终和三年不同期限，而乡、遂的比官则“以岁时登其夫家众寡”、“以时登夫家众寡”和“以使校等夫家众寡”等，其看似人口异动一次、调查一次、编造一次、上报一次，但受到书写、记录工具的限制，很可能平时只备注异动情况，赶上一年或三年重现造次。“及三年则大比。大比则受

---

① 赵尔巽等撰：《清史稿卷一百二十·志九十五食货一》，中华书局 2021 年版，第 2497 页。

② 徐正英、常佩雨译注：《周礼》（下），中华书局 2018 年版，第 768 页。

邦国之比要。”[①]即三年就要进行大校比。大校比时要将各诸侯国的呈报登记校比进行统计造册。

春秋时期，有一只神龟受江神之命出使，在宋国的泉阳地界被渔民豫且捕获。神龟给宋王托梦，请求解救。宋王派人到泉阳，对泉阳令说：你这渔户有多少？有叫豫且的吗？他捕了一只神龟，大王让我来解救。于是“泉阳令乃使吏按籍视图，水上渔家五十五家，上流之庐，名为豫且。”[②]由此可知，当时宋国采集的渔民信息不仅包括有文字、数字的帐册，还包括标注位置的地理图册，所以能一展图籍就知谁住何处。

汉朝已有纸的发明和利用，但使用的范围有限，编造户籍一般以简牍为主，有时候也用布帛。籍、簿两字皆从“竹”，推论最初是竹简。《周礼》中的“户籍”又称“版籍”，可推论用“版”即木片类的材料登记户口。考古中所发现记录文字的内容，主要是地方官吏向中央政府进贡的器物名称、规格、纪年、监制者和制作者的姓名等。《周礼·天官·宫伯》中记载：“宫伯掌王宫之士、庶子凡在版者，掌其政令，行其秩叙，作其图役之事，授八次、八舍之职事。”[③]“版”，郑司农曰：“名籍也。”[④]宫伯负责掌管王宫中所有登记在册宿卫王宫的士、庶子，分配他们的职责任务。案比貌阅是在乡中完成。但是也有“每至岁时，县当案比”[⑤]的说法，似乎案比等户口登记是在县中完成。据资料分析，汉朝一个乡大约有一

---

① 徐正英、常佩雨译注：《周礼》（上），中华书局 2018 年版，第 235 页。

② （汉）司马迁撰、（宋）裴骃集解、（唐）司马贞索隐、（唐）张守节正义：《史记·卷一百二十八·龟策列传第六十八》，中华书局 2000 年版，第 2445 页。

③ 徐正英、常佩雨译注：《周礼》（上），中华书局 2018 年版，第 74 页。

④ 徐正英、常佩雨译注：《周礼》（上），中华书局 2018 年版，第 75 页。

⑤ （宋）范晔撰、（唐）李贤等注：《后汉书卷三十九·刘赵淳于江刘周赵列传第二十九》，中华书局 2000 年版，第 875 页。

千户左右，一个县一般在一万户左右，大一点的县达到数万户，人口高达十几万、二十万。如果都在县进行案比、貌阅而造册，工作量太大。而在居延汉简中，几乎大部分名籍的地址都在乡或里。由此可以推定，一般以乡或里为基础单位进行户口登记、造籍、上报，乡、里留存一本，上报县里一本。案比时，由县里派官吏到乡、里与乡官一同完成。各县再根据各乡的上报，编造册籍上报郡、国，郡、国汇总后再上报中央政府。

据《史记 · 萧相国世家》中记载："沛公至咸阳，诸将皆争走金帛财务之府分之，何独先入收秦丞相御史律令图书藏之。"①刘邦入关之后，萧何独自先入秦丞相府、御史府采集律令图籍，刘邦以此知天下户口多少，表明秦朝户籍上报中央之后，由丞相府、御史府保管。"天下计书先上太史公，副上丞相，序事如古春秋。"②汉朝地方上报的户籍簿册，正本由太史公保管，副本有丞相保管。从此之后，户籍上报到史馆成为历史惯例，使汉朝以后的户籍资料都能保存下来。

魏晋南朝户籍的主体是黄籍。黄籍的材质大概是纸或札，黄籍的编造、校验、保管，有严格的规定。当时的造籍过程，重要之处用红笔标注，接缝处也有标注，整体非常严密。北朝时期的户籍，多用纸张书写，规定较为严格，要求将人口、土地和赋税依次罗列清楚；课口、非课口以及户中人丁的情况要备注清楚；年龄要用汉字大写、田地标明司至。在户籍的编造上，有严格的用印审查规定。明太祖时期，"於是户部制户籍。户帖，各书其户之乡贯、丁口、名、岁。合籍与帖，

---

① (汉)司马迁撰、(宋)裴骃集解、(唐)司马贞索隐、(唐)张守节正义:《史记 · 卷五十三 · 萧相国世家第二十三》,中华书局 2000 年版,第 1612 页。

② (汉)司马迁撰、(宋)裴骃集解、(唐)司马贞索隐、(唐)张守节正义:《史记 · 卷一百三十 · 太史公自序第七十》,中华书局 2000 年版,第 2485 页。

以字号编为勘合,识以部印”。“以字号编为勘合......用半印铃记”,突出了“识以部印”,明确表达户部印是盖于户籍与户帖的编号骑缝中间,两者各仅得其半而已。正官、首领官吏,躬亲磨算查对相同……书名画字用印,解赴本府。[①] 纸缝处的小印是县印,大一点的是郡、州印。而在中央政府也有严格的用印制度。使用这样一枚户籍骑缝印玺。不用时在宫中保管,使用时由主管户籍的左郎中、度支尚先上奏再使用,用完要归还宫中。“督摄万机”,表达了统治者对户籍的极高重视。

唐朝记录人口信息使用白纸或黄麻纸等质地结实的材料。户籍书写原则上用楷体,偶尔用行书。字的大小,武则天时期以 5 毫米的居多,之后以 8 毫米为主。户籍中的数字,武则天之前只有年龄和土地多少用大写,其余用小写;武则天之后,所有数字都用大写,以防篡改。户籍簿册的纸缝,一般书写所属的行政区域;每项户籍的最后一般书写一“空”字,表示以下空白,防止篡改或补记。唐朝的户籍是三年一造册,而人口、土地异动几乎是每天都有发生,需要随时用小子备注,即“某年帐后补”和“某年籍后赋”的语句。武则天以前的户籍,在户口、土地和公课的确认上都要求盖印。开元之后,在官吏变更、户口异动和田亩增减时都要在细目处加注印章。编造簿册需要成本,有时由每户均摊。唐朝的户籍一般一式三份。一份送中央尚书省民部(户部),州、县各保留一份。户籍保管有专门的场所,在尚书省、州、县一般有专门保管的库房,并配有专人负责看管。户籍保管的期限也有明确的规定。武德七年(624 年)规定,户籍“州县留五比,尚

---

① 梁方仲:《〈明史·食货志〉第一卷笺证》,载《北京师院学报(社会科学版)》1980 年第 3 期。

书省留三比"[①]，一比三年，即州、县保管15年，尚书省保管9年。州、县仍保管15年，尚书省保管延长到27年。

宋朝十分重视户籍的编造保管。宋朝户籍版类之多，有户籍、税籍、役籍和财产籍等。北宋和南宋连年征战，版籍失散情况严重。在重现编造版籍中，要求进行参考照验，即要求参考其他簿籍材料作为佐证，由懂得簿籍内容的专业人士进行点校，称为"干证文字"。宋朝战乱频繁，个人保管的户籍存在丢失的情况，宋朝政府会补发户帖。一经申报，即可补发。宋朝户籍的保管也有相应的制度。各类版簿，在户部、路、周、县，都有严格的保管制度，配备专门的人员和专门的库房进行保管。宋朝统治者尤其重视户口数量。

明朝的户籍簿册主要用麻纸，地方呈报中央的簿册用黄面纸，布政司、府、州、县用青面纸。编造户籍时，各级都有专门的人员进行书写填表，并要求严格。编造完毕，为了检错，在图册内书写上某地区户籍以便查验。为了使本户留有底档，便于下次查验，每次编造之后，还要给各户留底。黄册一般以里正为单位编造。编造之后，逐级上报，并有限定日期，如果中间出现涂改或是超过期限，都将面临处罚。

明朝的户籍编造好后，上报户部。据《明史·卷七十七·志第五十三·食货一》中记载："及郊祀，中书省以户籍陈坛下，荐之天，祭毕而藏之。"[②]清朝的户籍编造与治理同明朝大体相同。一般以甲为单位进行，甲长把一甲内户口情况汇总后，上报县。县审定后，别造一

① (后晋)刘煦等撰:《旧唐书卷四十八·志第二十八·食货上》，中华书局2000年版，第1407页。

② (清)张廷玉等撰:《明史·卷七十七·志第五十三·食货一》，中华书局2000年版，第1253页。

总册上报府;府审定后,别造一总册上布政司。布政司汇齐所辖府县报册后,别造总册上报户部,册内一般只记丁人实数,不计户数、田亩等情况。户部接到各省报册后,加以汇总,报皇帝审阅。县以上各级官府,都有专门的人保管簿册定期核验。其中,玉牒的保管更为严格。一般每季申报,入黄、红册,十年一效验,进入玉牒。

第二章

中国古代社会治安人口信息的集权化管理

第一节　治安人口信息治理的机构

一、人口信息治理的机构设置

据《礼记·明堂位》中记载:“有虞氏官五十,夏后氏百官,殷二百,周三百。”[①]说明夏朝已经有一批专门负责国家治理的官员,称为“六卿”。六卿是指:后稷、司徒、秩宗、司马、士、共工。司徒负责调解民间纠纷;司马维护边境治安;士,又称“大理”,负责审讯罪犯和监狱管理。西周的治安人口信息系统主要有司徒、司马、司寇和虎贲。司徒掌管土地、人口和农业生产。其下属的司民,专职管理人口户籍,类似于户籍警察,“司民掌登万民之数,资生齿以上,皆书于版……合其名籍,以登于王也”。司马掌管军事,兼有武装警察和治安警察作用。司寇掌管

① 胡平生、张萌译注:《礼记·明堂位第十四》,中华书局 2018 年版,第 616 页。

司法,用法律约束民众行为。虎贲掌管皇帝禁卫安全。“王左右常伯、常任、准人、缀衣、虎贲”。这里的常伯、常任、准人是司徒、司马、司寇的别称,缀衣是掌管衣服,虎贲则是保卫周王安全。

春秋列国的治安人口信息系统延续周朝制度,即司徒负责民政及徭役;司马负责军赋及兵政;司空负责盗贼与刑狱。战国时期的秦国,较之其他国家人口信息系统较为完善,其人口信息管理机构主要有负责司法审判和监狱管理的廷尉;负责皇宫禁卫的卫尉;负责京师治安的中卫和负责皇帝人身安全的郎中令。

作为封建社会第一个朝代的秦朝,其治安人口信息系统由3个治安人口信息机构组成,即“1+1+1”模式,是传递治安人口信息的主体单元。这里的人口信息管理机构多以官职代替,即丞相、御史大夫和廷尉,分别涉及治安管理、监察系统和司法系统。丞相是行政系统首脑,一方面要制定法律,即“造起律令、劝善禁奸”,诸如《焚书令》中的“偶语诗书者弃市,以古非今者族”;另一方面要武装镇压民众反抗。例如,秦末关东大乱,皇帝“诮让斯居三公位,如何令盗如此?李斯恐惧。”御史大夫是监察系统首脑,更是治安人口信息管理首脑,“秦置御史,掌讨奸猾,治大狱,御史大夫统之”。御史大夫不仅统计律令图书、户籍与土地山川等信息档案,而且掌管玺符印信等重要信息,更要监察百官的行政作为甚至直接处理案件。在其统计资料的过程中,御史大夫参与治安法律制定与修订。刘邦进入咸阳后,萧何“收秦丞相、御史律令图书藏之。”秦始皇因遭方士儒生诽谤,“使御史悉案问诸生”,进行坑杀;有民众在陨石上刻写“始皇帝死而地分”,秦始皇“遣御史逐问,莫服,尽取石旁居人诛之”。廷尉是司法系统首脑,主要负责审讯量刑、判决执行,重点承担皇帝亲自督办的政治案件和刑事案件。同时,廷尉还负责全国监狱的管理。

汉朝的治安人口信息系统由4个机构有机组成，即“3＋1”模式，是传递治安信息的主体单元。“3”是指二千石曹、民曹和客曹；“1”是指御史台。汉朝的尚书六曹掌管国家政务，其中二千石曹主管治安，亦是治安人口信息管理的机构。它的职责是“掌中都官水火、盗贼、辞讼、罪法，亦谓之贼曹”。民曹“主凡吏民上书事”“典缮治功作，监池、苑、囿、盗贼事”。客曹“掌羌胡朝贺，法驾出则护驾”“天子出猎，驾御府曹郎属之”。御史台最早负责机要文件的传递安全，后掌管中央政府的图册奏章。不仅收集整理历代皇帝的旨意诏书，而且保管各地上报的各类信息档案，诸如山川地势、土地河流、人口户籍、民族宗教等。

三国两晋时期的治安信息机构，既延续东汉三公九卿组织，又呈现新的三省制。其治安信息系统由6个信息机构有机组成，即“3＋3”模式，是传递治安信息的主体单元。前一个“3”是指尚书省、中书省和门下省；后一个“3”是指监司、狱官和法吏。尚书省既是全国最高行政管理机关，亦是治安管理机关，也是治安信息机关。三国孙吴尚书专有“贼曹”；魏晋时期的三公曹“主断狱”；晋朝右丞相主管“刑狱兵器，督录远道文书章表奏事”。尚书省的官吏负责全国治安管理，上对皇帝负责，下对地方州、郡、县指导治安管理。中书省是皇帝直接领导下的决策机构，尤其对于机密事件直接下达，隔过尚书省，“若密语下州郡及边将，不由尚书”。门下省的设置在于制衡尚书省和中书省的职权，对于治安管理要全面掌握和重点审核。地方官员到中央汇报工作，必要经过门下省的侍中环节，即“侍中读诏，计吏跪受”。监司、狱官和法吏，类似于现在的公、检、法。“监司以法举罪，狱官案劾尽实，法吏据辞守文。大较虽同，然至于施用，监司与夫法狱体宜小异。狱官唯实，法吏唯文，监司则欲举大而略小。”具体来说，监司是检举揭发违法犯罪，即“从皇太子以下无所不纠”;狱官是搜集证据审讯罪犯;法吏是依据法令对案件进行处理,同时参与治安立法。

南北朝处于秦汉向隋唐大转折的历史时期,其信息系统由9个信息机构有机组成,即“8+1”模式,是信息传递的主体单元。“8”是指尚书省所辖的都官曹、二千石曹、比部、水部、膳部、殿中曹、三公曹和左户曹,“1”是指御史台。尚书省是全国最高的治安管理机构,也是治安信息机构。下辖的都官曹“掌畿内非违得失事”;二千石曹“掌畿外非违得失事”;比部“掌诏书律令勾检等事”;水部“掌舟船、津梁、公私水事”;膳部“掌侍官百司礼食肴馔”;殿中曹负责皇宫禁卫;三公曹负责断罪与囚帐;左户曹负责全国户籍。御史台是监察机构,由皇帝直接领导,又称为南台、南司和宪司,“掌督司百僚”,专门监察官吏,重点防范官员内部违法犯罪。

唐朝的信息系统主要由4个信息机构有机组成,即“3+1”模式,是信息传递的主体单元。“3”是指尚书省下设刑部的刑部、都官、比都和司门四个机构;“1”是指大理寺。刑部是最高行政机关,是治安管理职能最为集中的机关,也是治安信息机构。刑部由刑部尚书和侍郎负责,治安职责由其下的刑部、都官和司门分别履行。刑部下的刑部“掌律法,按覆大理及天下奏谳”;都官“掌配役隶,簿录俘囚,以给衣粮药疗,以理诉竞雪冤”;司门“掌天下诸门及关出入往来之籍赋,而审其政。……所以限中外,隔华夷,设险作固,闲邪正禁者也。凡关呵而不征,司货贿之出入,其犯禁者,举其货,罚其人”。大理寺是最高司法机关,也是司法信息机构。不仅“掌邦国折狱详刑之事”,而且“凡吏曹补署法官,则与刑部尚书、侍郎议其人可否,然后注拟。”

二、信息治理机构的转变

宋朝由于限制军事力量的发展，其治安信息系统主要由非军事的3个信息机构有机组成，即“2 + 1”模式，是信息传递的主体单元。“2”是指刑部和户部；“1”是指御史台。刑部是宋代主要维护社会治安的机关，亦是治安信息机关，掌管全国的刑罚、狱讼和奏谳等事项。其下设的司门，专职设置关卡、配置人员和提出工作标准；管理各省区城门、关卡、桥梁、渡口的安全；发布并执行禁行令、限行令；查验过往行人人身和物品；对于冒名顶替、违反禁令之人以及逃犯进行抓捕。户部主要进行人口治理，传递人口信息。户部分为左右两曹，左曹是从基础上弱化社会不稳定因素，即“以征榷抑兼并而佐调度，以孝义婚姻继嗣之道和人心，以田务券责之理直民诉”；右曹推行保甲，即“以保伍之法联比闾、寨盗贼”。御史台是中央的监察机关，职责在于“掌纠察官邪，肃正纲纪”。监察御史责任尤为重要，“掌分察六曹及百司之事，纠其谬误，大事则奏劾，小事则举正”。御史对三省、枢密院每半年进行一次检查。御史官员还可以“闻风奏事”，履行职责无后顾之忧，只要听到就可以上奏，不需要真凭实据，即使错了也不追究责任。

明朝治安信息系统有了较大调整，由7个信息机构有机组成，即“1 + 6”模式，是信息传递的主体单元。“1”是指通政使司；“6”是指兵部、礼部、刑部、大理寺、都察院和户部。通政使司是明朝创设的信息机构，主管奏章的传递事项，意在强化君主专制统治。通过考察政事得失、知晓官员执政和了解百姓生活，掌握朝廷内外的各种异动，通政使司上传下达中央六部及都察院的军事奏章、各省区上报的地方势力违法案件、绅士的政治建言和百姓的申诉状告等。同时参与朝廷关于重大政策和人事任免会议。兵部负责全国军事及治安信息的传递。其下设的车驾清吏司负责全国的驿传、禁卫和出行仪仗；其下设的职方清吏司负责全国的边防镇守、城隍设置和地图绘制。礼部兼有外交、文化和教育职能。其下设主客司，负责外国使节和边境土司治理。其下祠祭司，除负责祭祀典礼外，还管理占卜、医巫、音乐、僧道以及妖言惑众的惩处。其下仪制司，负责宗室袭封、贡举科考，“以贡举之法罗人才，以乡饮酒礼教齿让”。刑部主要审理中央官员、地方谋反和地方上诉的案件。刑部定罪后还需将犯人和卷宗移送大理寺审核。大理寺可批复执行，也可驳回重审。死刑和重大案件需奏请皇帝批准。刑部和大理寺均受到都察院的监督。如遇特别重大案件，则由刑部、大理寺和都察院进行联合审判——三法司审理，称为“三司会审”。三法司审理的结果必须经皇帝批准才能执行。大理寺主管全国狱政及其信息，针对不同情形进行多种传递。大理寺认为原审不公退回原单位重审的称为“照驳”；对审判官员三次拟罪仍被驳回，要追究其责任并纠劾的称为“参驳”；对已判决但缺少完整口供的案件犯人可以继续审讯称为“追驳”；对判决结果不能令人满意，可以请旨让六部和都察院联合会审称为“圆审”；对屡次驳回而不能解决的案件，也可以请旨称为“制决”；对于判决与律例不相符，可以提请其他部门审理称为“番异”。都察院即之前的御史台，其中不仅有中央的都御史，而且有外派地方的十三通监察御史。都御史掌管天下风机，发现大臣有结党营私、徇私舞弊、祸乱朝政、贪污腐败、品行不端的行为，均可以检举弹劾。十三道监察御史主要负责所辖省区地方的巡视工作，主要涉及漕运、巡关、茶马、盐场、乡试和武举等。户部负责人口户籍信息，重点是流民治理。“以垦荒业贫民，以占籍附流民，以限田裁异端之民，以图帐抑兼并之民……以积贮之政恤民困”，达到稳定社会治安的目的。

三、信息治理机构的集大成

中国古代治安信息治理机构在封建社会的最后一个王朝——清朝，达到了空前绝后的程度。清朝治安信息系统主要由8个信息机构有机组成，即"6+2"模式，是传递处理治安信息的主体单元。"6"是指面向全国的兵部、刑部、都察院、大理寺、户部和礼部；"2"是指面向皇族宗室的宗人府和内务府。

兵部设立于公元1631年（明崇祯四年、后金天聪五年），主要负责全国信息的传递处理。尽管兵部名义上是全国最高军事机关，但是自从公元1729年（雍正七年）设立军机处，其军事职能弱化，治安信息职能凸显。其下设军驾、会同馆、武选、职方和武库等信息机构。军驾清吏司统管全国的信息传递工作，由满汉郎中各一人负责。信息传递按照路程的远近和重要程度分别设置驿站、塘、台、所和铺等机构传递信息。传递信息的人员要携带"邮符"，官员称为"勘合"，兵役称为"火牌"，以资凭验。会同馆掌管京师的信息驿传。武选清吏司统管全国的关卡设置、人员配置和少数民族武官的登记，由满（三人）蒙（一人）和汉（一人）郎中负责。职方清吏司统管全国的关卡查禁，由满（五人）汉（一人）郎中负责。关卡查禁是朝廷设置的边关卡口对过往的行人检查是否携带危险品和违禁品往来、在沿海地区的海上贸易是否携带违禁品。同时在沿海地区施行海禁，即禁止渔民私自出海和检查渔民制造的渔船商船的规模数量大小是否符合朝廷要求。武库清吏司掌管全国的兵籍和兵器，由满（二人）汉（一人）郎中负责。捷报处负责收揽全国各省上报的奏折，并将批回的奏折发回各省。

刑部是清朝掌管刑罚的机构，同时兼有信息职能，由贝勒一人负责。一方面，刑部处理全国各省区上报的刑事案件，分由十七个清吏司处理。十七个清吏司按省份划分，分别是：直隶、奉天、山东、江苏、浙江、福建、广东、广西、安徽、江西、湖广、河南、山西、陕西、四川、云南和贵州。另一方面，刑部专设的督捕清吏司，核准全国已经抓捕的逃犯。每年四月，接受各省区造册；每年八月，审理各省区上报的要案，因多在立秋之后，故称之为“秋审”；每年霜降后，审理发生在京师的要案，又名“朝审”。督捕清吏司还接受全国各地驻防投递的“逃牌”，记录驻防逃亡的旗人，然后下发给各衙门进行抓捕。抓捕后由督捕清吏司审判。除此之外，刑部专设减等处，负责奉旨审核所汇总的全国案件减免事由。

都察院是清代最高的监察机构，也是信息机构，还会同刑部和大理寺审结案件。其主要下设六科、十五道和五城察院等机构。六科是指面向中央政府的吏、户、礼、兵、刑、工等六部的信息处理；十五道是按照地方省区划分，分别处理各省区信息：五城察院是面向京师五个区域的信息处理。京师被划分东西南北中五个区域，设五名巡城御史，每名巡城御史管辖一个区域（两个坊）：东城管辖朝阳坊和崇南坊；西城管辖关外坊和宣南坊；南城管辖东南坊和东坊；北城管辖灵中坊和日南坊；中城管辖中西坊和中东坊。五城各设兵马司指挥、副指挥和其他吏目负责辖区内治安信息。涉及命案，由五城指挥进行勘验；涉及侵财案件，由副指挥与吏目踏勘现场；其余案件由指挥上报巡城御史。五城还设公所，由御史、司坊和绅士在每月初一、十五两日进行教化，劝导民众向善仁爱。

大理寺负责狱政审判，与刑部、都察院合成“三法司”，由满汉各一人的大理寺卿负责，分为左右二寺。大理寺左寺分管京内吏部、户部、礼部、都察院、光禄寺和太常寺案件，以及顺天府（一部分）、直隶（一部分）、奉天、山东、江苏、安徽、浙江、四川、广东、贵州等省份案件；大理寺右寺分管京内兵部、刑部、工部、宗人府和通政使司案件，以及顺天府(一部分)、直隶(一部分)、河南、山西、江西、福建、湖南、湖北、陕西、甘肃。在京的重大案件,由左右二寺官员、地方御史和刑部官员会审,称“小三法司”。会审一致后会同题奏,请皇帝裁决;若发生异议,各部门分别上奏,亦请皇帝裁决。

户部管理全国的户口,由各地清吏司负责登记。按照性质分为军户和民户;按照职业分为渔户、匠户、灶户;按照民族分为回户、羌户、苗户、瑶户、黎户等。礼部主要管理国家典礼和教育事项,在治安管理中负责僧道事务。

宗人府主要负责皇室宗族本人的信息。其主要针对四方面的内容:一是皇室宗族人口户籍,诸如婚丧嫁娶、封土授爵、祭祀祭奠和扈从护卫等内容;二是皇室宗族日常管理,包含了宣教皇室人员和选举族长、教长等信息;三是皇室宗族违法犯罪情况,不仅处理本人,还要追究宗人府管理人员的责任;四是皇室宗族编查保甲信息。一般的程序是:宗人府发现有异常行为之人,马上报告巡城御史,再密报都察院。宗人府将信息中刑事类交由刑部,民事类交由户部。如果需要进一步了解情况的,涉案主体是郡王及以上,由宗人府官员前往该王府询问,贝勒及以下则均传至宗人府讯问。如遇皇室宗亲抗旨不从,宗人府会同族长到家中取人,亦可派官兵捉拿。涉案人员到宗人府后,先重责30大板再行讯问。如遇重大情况,则由刑部、户部主稿,会同宗人府具奏,按旨意办理。

以上这些流程,由宗人府的宗令、左右宗正、左右宗人、府丞、启心郎、郎中、员外郎、理事官、堂主事等官员办理。内务府主要负责皇室宗族家奴的信息。宗人府机构庞大,下设:广储司、会计司、掌仪司、都虞司、慎刑司、营造司、庆丰司、武备院、上驷院、奉宸院、圆明园、畅春园、清漪园(后改名为颐和园)、静明园,静宜园、热河行宫、汤泉行宫、宁寿宫、雍和宫、御药房、御茶膳房、织染局和陵寝守卫等。与治安信息相关的是专设的两个机构:慎刑司和番役处。慎刑司,主要处理在岗家奴申诉情况。根据《宫殿监处分则例》和《各处首领太监等处分则例》,遇有太监宫女的申诉,先由总管太监处理。若案件严重,则奏请皇帝裁决,或移交内务府慎刑司处理,总管太监不得擅自处理。情节较轻,如罪杖在100以下,由本司处理;情节较重,例如涉及持兵器案件或罪杖在100以上,移交刑部;涉及死罪,则会同三法司处理。番役处,主要处理在逃家奴信息,并负责抓捕。抓捕后,先由司员讯问,再交慎刑司处理。抓捕期限一般为三个月,如果逾期六个月,则办案人员会受到处分。所辖区域,一般以京城为主,不得擅自出京抓人;若确需出京,则需旨意批准。

第二节　人口信息管理的驿传制度

一、驿传制度的开端

中国古代交通驿传,在夏代已肇其端。《国语·周语中》引《夏令》,"九月除道,十月成梁"。商朝不仅有了车马、布辇和舟船等交通工具,而且开始建立"驿传"制度。当时交通驿传的发展与商业的发展密切联系。西周的交通治理,由司空负责。据《礼记》中记载:"是月也,命司空曰:'时雨将降,下水上腾,循行国邑,周视原野,修利堤防,道达沟渎,开通道路,毋有障塞。'"①以上都说明司空有治理道路交通的职责。

---

① 胡平生、张萌译注:《礼记·郊特性第十一》,中华书局2018年版,第307页。

春秋时期，由于商业的发展和战争的需要，交通驿传制度得到一定的发展。春秋时的道路交通已北通燕蓟，南至吴楚，东达齐鲁，西抵关中。虽然还未达到大邑均通驿道的程度，但至少在诸侯国内，基本上实现了国都与大邑、边鄙之间有驿道相连。与此相适应，对驿道的治安治理也不断完善。在驿道沿线，设有“传舍”“客馆”，供过往的客人休息，也供传马的换替。反映了当时交通驿传治理的情况。战国时期，随着商业的发展和战争规模的扩大，城市与野外的道路交通得到很大的发展，各城市之间一般都有道路相连接。交通的发展，使驿传及相应的治理制度也得到发展。在《云梦秦简》中，有不少关于邮传方面的法律规定。如《封诊式》的《迁子》爰书云：某里士伍甲之子丙，被迁蜀边县，且令吏徒将传及恒书一封诣令史，可受代吏徒，以县次传诣成都。《田律》中也规定：凡有风雨水潦及虫害伤禾稼的情况发生，“近县令轻足行其书，远县令邮行之”。在《行书律》中，则对公文的传送作了具体的规定。从这些规定中我们可以看出，秦国已有了比较完备的交通和邮传制度。秦国地处西陲，交通比关东六国较为落后，由此我们也可以推知六国交通驿传制度的概貌。而且，从秦始皇统一中国后，大规模地修筑驰道的措施看，没有良好的道路交通基础，是不可能做到的。沿途邮件和公文的传递，是由“亭”一站一站传送的。据《史记》中记载：“武安君既行，出咸阳西门十里，至杜邮。”①杜邮，今在咸阳城中。“‘邮，境上行舍’，道路所经过。”②因此，秦国的亭带有邮传的性质，而且汉人所说的秦“十里一亭”的里，并非指乡里组

① （汉）司马迁撰、（宋）裴骃集解、（唐）司马贞索隐、（唐）张守节正义：《史记·卷七十三·白起王翦列传第十三》，中华书局2000年版，第1835页。

② （汉）司马迁撰、（宋）裴骃集解、（唐）司马贞索隐、（唐）张守节正义：《史记·卷七十三·白起王翦列传第十三》，中华书局2000年版，第1835页。

织之“里”，而是指路程单位之“里”。由于亭设置在驿道两边，多为官吏及行旅停留、栖息之所，因此，自然负有维持治安、防盗禁盗的职能了。所以，秦国的亭，集邮传及维持治安等多种职责为一体，在交道驿传的治安治理中，具有重要作用。商鞅变法时，就曾制定法令，在驿道边的客舍中住宿的，必须出示有关的通行证件，同时规定，“舍人无验者坐之”。

秦朝驿传，就是政府为使臣出巡、官吏往来和传递诏令、官文书而组织的停宿场所及车马交通设施。驿原指传递官文书的车和马，相伴而来的是为信使提供住宿，即所谓传置，合称驿传，也就是官方驿站。驿传一般设在通衢大道上，三十里为一站，除备有传舍、食厨、副车、驿马外，还有一些收发承送文书的吏卒。秦朝驿传制度已比较完备。据《晋书·刑法志》所载《魏律序》，秦朝已有厩置、承传、副车、食厨等专项驿传法规[①]，这在秦简中已被证明。秦朝还实行商鞅限制私人经营旅店的“废逆旅令”，只许官府在各地设立驿站。商鞅倡导重农抑商。取消民间客店，让农民出门无处食宿，这样就会逼迫其返乡务农，也少惹是生非。秦统一后该令仍施行。据《史记·卷六十八·商君列传第八》中记载，“商君之法，舍人无验者坐之”[②]，以加强对客店的治安治理，实行符验登记制度，有官府证件才能住宿。

秦简中载有两条魏国法律，规定经营客店“逆旅”的，一是不准入编户籍，二是等同罪犯谪发从军，非常歧视。既与秦律附在一起，说明秦始皇时期也是从治安角度限制私人经营客店的。秦为保证官府驿站能为来往官吏提供必要的食宿条件，颁布有《传食律》，统一规定不同等级

---

① （唐）房玄龄等撰：《晋书卷三十·志第二十》，中华书局2000年版，第595页。

② （汉）司马迁撰、（宋）裴骃集解、（唐）司马贞索隐、（唐）张守节正义：《史记·卷六十八·商君列传第八》，中华书局2000年版，第1769页。

的伙食标准。为保证驿站能安全传送公文，颁布有《行书律》，作出一系列法律规定。第一，传送皇帝的命书和其他标明急字的公文，接到后应立即传送，不得滞留。“不急者，日毕，勿敢留，留者以律论之。”不急的公文也只能停留一天，否则要依法论处。第二，“行传书、受书，必书其起及到日月夙暮，以辄相报也”。传送或收到文书，必须登记发文或收文的月日朝夕，以便及时回复。第三，“书有亡者，亟告官”。公文有遗失的应立即告报官府，以便采取补救措施。第四，年老体弱及不忠实可靠的人不要派去传送文书，以免危及公文安全。第五，公文上写明应该迅速赶到官府的人却没有到，应追查是哪个传送环节上出了问题。从这里可以看出，秦代对驿传的治安治理还是很细密的。

汉朝驿传是官方为政府人员往来途中停宿、车马而组织的交通设施，还兼有传递官文书的通信功能，也就是驿站。邮也是传书之所，也可以供人住宿，汉代往往邮传、邮驿并称。但驿传一般在通衢大道上，同秦朝三十里为一站，而邮亭多在边境或偏僻之地。也说传送文书，马传为驿，车传为置，步递为邮。邮的设置比驿传密集。邮驿之中，有房屋供住宿，称传舍，有食厨供应饭菜，有副车和驿马供乘坐，还有饲养马匹的厩，所以驿传又称厩置。还有一些吏卒，用于收发承送文书和管理杂务。

汉朝中央政府管理驿传的机构，应是丞相属下的法曹，“法曹主邮驿科程事”，①地方郡、县官府也相应有法曹，县府还有邮书椽，都负责邮驿事务。但在边郡，因涉及军事文书的传送，故由军事系统的都尉直接管理。驿的主管官吏为置尉、置佐、驿候、驿丞、置候等，下屋有驿小史、

① （宋）范晔撰、（唐）李贤等注：《后汉书志第二十四·百官一》，中华书局2000年版，第2428页。

传舍斗室啬夫等。汉朝官员要使用驿传,需持政府颁发的一尺五寸长的木传信,封以御史大夫印章。依封印的多少可确定车马使用等级,四马高足(好马)为"置传",四马中足为"驰传",四马下足为"乘传",一马二马为"轺传",急事骑一马为"乘"。木传信一封印为一马,置传、驰传则要五封印才行。特殊情况下,传车也可超过四马。如汉文帝代王入长安登基,"乃令宋昌骖乘,张武等六人乘六乘传诣长安。"[①]由于驿传用车费用较大,东汉多省驿传而改用驿骑。邮驿除供官吏出行使用外,另一重要作用是传递官文书,尤其是军情文书。如西汉宣帝时丙吉为丞相,"此驭吏边郡人,习知边塞发奔命警备事,尝出,适边郡发奔命书驰来至"。[②] 汉朝为保证文书传送的安全及时,也制定了一系列法规,如《九章律》中的"厩律",就是关于邮驿的专门法律。这些法律的内容已佚失,但在《九朝律考》中辑有残存二条:"如今邮行有程矣""其释骑也,三骑行昼夜,千里为程"。所谓"邮程",也就是对邮驿传递文书时间速度的规定。

这种规定从居延汉简中可看出执行情况:"(1)临木卒戎付诚蓥北隧卒则,界中八十里,书定行九时,留迟一时,解何?(2)界中八十里,书定行十时,留迟二时,解何?(3)当曲卒昌付收降卒福,界中九十五里,定行八时三分,实行七时二分。"这是邮传文书的收发记录。前二简是对邮卒传递文书不及时提出责问的"举书",八十里路程规定用八时送达,而"定行"即实际分别用了九时和十时,分别"留迟"一时和二时,要求解释原因。后一简则提前了一时送达。可见汉代对"邮程"规定很严

---

① (汉)班固撰、(唐)颜师古注:《汉书卷四 · 文帝纪第四》,中华书局 2000 年版,第 78 页。

② (汉)班固撰、(唐)颜师古注:《汉书卷七十四 · 魏相丙吉传第四十四》,中华书局 2000 年版,第 2353 页。

密，执行也很严格。汉朝驿传的另一个功用是“上变事”。虽然驿传只供官府使用，但假如地方出现突发变故，尤其是谋叛作乱，则任何人都可以要求乘传“上变事”，即向朝廷揭发检举。这种规定在治安上意义重大，它可以保证统治者利用完备的官方交通网，防止和及时镇压地方上出现的重大犯罪。对于民间出现的“客舍”和“逆旅”，汉代为了加强治安治理，防止“奸寇”寄宿其中，实行严格的符验簿记制度。符既是通行证件，也是住宿的官方证明文件，凭此在食宿的旅店登记，就是符验簿记。把旅客的身份、姓名、身高、年龄、肤色、乘用工具都写得很清楚，这已类似后代的客店登记簿的栏目。

二、驿传制度的完善

宋朝政府认为社会活动是社会的存在方式。人们的社会活动无不带有经济、政治等目的，空间位置的移动也正是如此。它反映着社会的活力，同时也为社会稳定带来令统治者担忧的问题。关卡、交通制便是相应的治安措施。

关卡制即是在交通要道设立控扼、检查机构以节制交通、察获不法行人的制度。据《玉海》卷二四，宋代有十四处主要关卡，绝大多数在边防地区，具有国防意义。内地关卡除了上述的平安关、行庆关等外，著名的还有潼关，剑门关，以及咸阳、河中府、陕府等处的浮桥，都设有官吏、士兵把守。此外，各地城门自然也要设关卡。所有关卡的政令，由朝廷刑部的司门郎中负责。关卡设置有三个目的：一是国防方面，多是在边防要寨屯兵守卫；二是经济方面，防止偷税漏税和阻止国家专卖或禁运物品外流；三是社会治安方面。宋朝政府规定：诸关、门和黄河桥、渡口，日常要密切察办奸诈行人和禁物。军人、公人经过者，须验明所携的“公文”“券历”。军队则按“券牒逐一检认军兵”，挨个一一验明。

官员经过时，要抄录其职位，如有嫌疑，也准许索要有关证明，“验其夜过州、县、镇、塞并关、门、桥渡”，察明来往所经各地的路线。显然，每经过一地，都要由当地官吏在所携券历上留下凭证。各关卡的启闭时间有明确规定，以开封府为例：诸城门及汴河岸角门，一律晚间三更一点闭门，五更一点开门。闭关锁门后，行人不得通行。唯有军事和紧急公务，由负责官员审问验明后，才允许通行。各路提点刑狱司及各州知州、通判，负责监察关卡制度，对不尽职责的有关官吏可以按劾。

城门是关卡的一部分，其治理方法以开封府为代表。宋神宗熙宁年间，加强了对京师城门的管理，实行城门铜鱼符法。新制造铜鱼符三十四件，每件分两部分，上刻各门名称。左契由各门分别掌管，右契归内钥匙库掌管。启闭时，由有关官员“依法勘同请纳”，从内钥匙库领出右契，到相应城门与左契勘合后方可。城门关卡的检查也很严格，对官员尤其如此。官员出入京城门，比一般平民手续复杂，必须在城门登记官位、姓名以及去向等，并于当晚由各门将这些情况上报御史台和尚书省。

严格的关卡制度由法律维护着。凡私自过关卡者，处一年徒刑。私自过沿边关卡者徒两年。携带违禁物品私渡关卡者，计所携之物的价值，按赃罪论处。翻越或从沟渠经过城墙者处一年徒刑；翻越关卡者徒一年半，未遂者杖七十。对各关卡、门卫也有相应的约束，如无故刁难、留滞行者一日者笞四十等。宋代国内关卡制度大体如此。个别特殊地区另有特殊措施。四川即是典型例子。四川远离京师，既临边防，又四境险固，历史上常有割据现象发生。宋政府对四川的治安始终格外重视，对出入四川的人员，关卡稽查甚严。剑州剑门关是北方入川的主要关卡，专有军队把守，并设驻泊司。宋仁宗天圣七年（1029 年）规定，文武官使臣、幕职州县官等携带人口、器械进入四川者，必须持有枢密院签发的“公凭”，在剑门关由驻泊司一一验明，如与公凭所注明的相符，在公凭上书写经过的年月日交还本人，方允许通过。如发现冒名和夹带其他人口、物品者，即将其姓名、职位上报朝廷，听候处理。宋仁宗景祐二年（1035 年）进一步规定，上述官吏入川者，陆路至剑门关，水路至江陵府，一律验明公文，每月一次将过往人员的情况上报枢密院。往来剑门关的商旅，也须持有地方官府签发的公凭。许多没有公凭的人便绕路由阆州私道出入。宋仁宗天圣六年（1028 年），又在自利州入阆州的私路关口本寨按剑门关例置关，由本寨使臣验认公凭，方准许往来，从而控制了出入四川的私道。在非常时期，入川关卡管制更加严格。

宋朝有诸多针对公共交通秩序方面的规定。关于公共交通规则，沿袭了唐代的仪制令，这是宋太宗时孔承恭上书请颁布的。即“贱避贵，少避长，轻避重，去避来”四条规定。诏令各地在交通要道处设木牌或刻石广为宣传，违者论如律。实行时，与路标（邮堠）一起标出。如陕西略阳县灵岩有宋代摩崖石刻仪制令，高一尺八寸，宽一尺二寸，正书，为县令所立。

上引四条交通规则，前两条完全是封建礼仪的具体化，后两条则有普遍意义。但最后一条究竟是什么意思，连宋人也不多理解。初颁行时，宋太宗即问孔承恭。“令文中贵贱、长少、轻重各有相避并讫，何必又云‘去避来？此义安在?”孔承恭解释说：“此必戒于去来者互相回避尔。”宋太宗说：“不然。借使去来相避，止相憧憧，于通衢之人密如交蚁，乌能一一相避哉？但恐设律者别有他意。”仍不明白，到南宋末，周密也说：“律云‘去避来之义，最为难晓”。倒是一位大理寺老吏精通律文，解释说：“所谓‘去避来’者，盖避自我后来者。以其人自我后奔走而来，此必有急事故耳，故当避之也。”如此解释，当是本意，即前者让后者，慢者让急者。连立法者尚多不解，此条恐怕难以实行。

其他条文确实实行了。宋宁宗时，临安一士人负物为贩夫碰破，双方争论不休，官司打到了临安府。府尹按律文“轻避重”判决贩夫向士人叩拜赔礼。但士人却不满意，认为贩夫还违反了“贱避”，坚持要二罪并罚，要贩夫赔偿损失。府尹对士人说，“我偿汝十千，汝还他八拜！”士人才不再坚持。这则小故事说明了交通规则的具体执行情况，违反者起码要赔偿请罪。至于没有二律并处，打了折扣，当是因人因事而异。

车辆等交通工具当然也须遵守上述规则，惜未见具体事例。不过对车马另有法律条文进行约束。《宋刑统》卷二十六专有《走车马伤杀人》一款，大意如下：

一、凡于城内街巷及人众（三人以上）之中无故而奔驰车、马者，笞五十；因此致人死、伤者，按因斗殴而杀伤、杀死人的刑律减一等治罪，致畜产死、伤者，按故意杀伤杀死畜产罪减一等赔偿。

二、官吏因公事紧急、或乘邮算时以及奉敕使者奔驰车马，官民因私事紧急如吉凶急事、病急求药、追赶某人而奔驰车马，均不治罪。但若因此致人死伤，按过失罪论处。

三、役畜因惊而奔驰，驾驶者力不能制而致人死伤者，减过失罪二等处治。其罪可赎，赎金归于受害者之家。

四、因公私急事奔驰车马而致肇事者祖父母、父母死伤者，按过失杀、伤祖父母、父母罪治；因役畜惊恐而致祖父母、父母死伤者，减二等处治。

上述条文内容比较详细，情理兼顾，宽严结合，对于维护交通安全起着积极作用。为保障道路交通安全，上述条款还附有以下几个内容：

一是凡向道路射者，杖六十，放弹及投瓦石者，笞四十；若致人死伤，按因斗殴而致人死伤罪减一等处治。二是在道路上安设机关、作坑，杖一百；若致人死伤，同上条处治。若作有使行人识别的标记，再减一等处治。三是在深山大泽等非人常行之处或野兽为害之处，准许安设机关、陷井，但必须作有能使行人识别的标记，否则笞四十，因不立标记致人死伤者，按因斗殴致人死伤罪减三等处治，立有标记而行人不慎自触者，不予治罪。此外，道路两旁的沟、井，在夜间常有可能造成交通事故。宋朝政府对此也做出有关规定。宋徽宗大观四年（1110 年），令全国街道、旅店中的井一律设置栏杆封护，防止盲人或夜间醉酒者误落井中，造成伤亡。在开封，每逢开挖路沟时，要由官府派人检查覆盖，避免行人跌落其中。这都是有益行人的制度。宵禁是维护夜间治安的惯用制度，主要在城市推行。一般是在三更“断夜”，禁止行人，五更解禁。宵禁时，出行者谓之“犯夜”，杖二十。若有公私紧急事务，取得官方文牒才可放行，无文牒者虽不治罪，也不放行。值班官吏对应放行而不放行、不应放行而放行者，笞三十；若有盗贼经过而不知觉者，笞五十。在东京开封，个别节日的夜晚不实行宵禁。

在明代，随着社会经济和政治的发展，封建政府对邮传更加重视，不仅邮传的范围进一步扩大，而且组织管理也进一步完善。早在洪武年间（1368～1399 年），明政府即“置各处水马驿站、递送所、急递铺”，作为“递送使客，飞报军务，转送军需”之用。各处驿站相距六十或八十里，每一驿站根据其所处的地理位置，相应配备了数量不等的驿率、铺兵、民夫和车马船等交通工具。驿站之设，“自京师达于四方”，可见是相当普遍的。

明代对驿传的组织治理是相当重视的，从中央到地方都建立了相应的治理机构，委任和铨选一定数量的官员负责组织治理驿传方面的工作。在中央,驿传的管理属兵部所属车驾清吏司。据《明史·卷七十二·志第四十八·官职一》中记载:“车驾掌卤簿、仪仗、禁卫、驿传、厩牧之事。”[①]在地方上,驿传则归布政使和按察使双重领导。“布政使掌一省之政。天子即位,则布政使、亲王、参政、参议分守各道及派管粮储、屯田、清军、驿传、水利。”除布政使外,提刑按察使亦有管理驿传之责。据《明史·卷七十五·志第五十一·官职四》中记载:“副使、佥事,分道巡察,其兵备、提学、抚民、巡海、清军、驿传、水利、屯田、招练、监军,各专事置,分员巡备,并分员巡备京畿。”[②]“按察司副使、佥事分司诸道。提督学通,清军道,驿传道。”[③]明代驿传道十三布政司俱各一员,唯浙江、山西、陕西、福建、广西、贵州以清军道兼理驿传。明代的驿传道系各省主管驿传的长官,其下属为各州县的驿丞,各府州有无驿丞及员数多寡又各不相同,基本上视情况而定。“驿丞典邮传迎送之事,凡舟车、夫马、廪糗、庖馔、裯帐,视使客之品秩,仆夫之多寡,而谨供应之。支直于府若州县,而籍其出入”。一般来说,“各州县于额设司吏内选充铺长一名,专一巡点所辖铺分,督令各铺司兵,如期走递。亲临府州县提调官常加检点,铺长失于整点,随即问罪。”

借乘驿传是有资格限制的,大致有十种情况可以乘驿:一是各处军情急务;二是海外朝贡使臣;三是许进表官得宿驿舍,御史得求驿马;四是亲王进表奉贺及差人奏事;五是南京各府部寺院长官有公事需到京者;六是文武官赴任在千五百里以外者;七是孔子后裔;八是职官病故,

① (清)张廷玉等撰:《明史·卷七十二·志第四十八·官职一》,中华书局2000年版,第1170页。

② (清)张廷玉等撰:《明史·卷七十五·志第五十一·官职四》,中华书局2000年版,第1227页。

③ (清)张廷玉等撰:《明史·卷七十五·志第五十一·官职四》,中华书局2000年版,第1229页。

亲属扶棺归里;九是面官按部;十是齐擎诏旨和奉旨差遣。其他情况一般不得乘驿。明代对驿传的重视,还体现在它把驿传制度的有关规定载入政府制定的法律之中,《大明律》、《大明会典》和《明实录》等重要典籍都明确记载了这方面的法令和规定。其中《大明律》“邮驿门”共分十六类计十八条,对递送公文、驿使稽程、多乘驿马、多支廪给、私役铺兵、私供驿马等情况,都有严格的规定,违者惩罚,如铺司兵递送公文,一昼夜要行走三百里,迟误三刻笞二十,每三刻加一等,笞止五十。公文到铺,不问角数多少,都要随即递送,不许等待后来文书,如违,铺司笞二十。传送公文过程中如果磨擦及损坏封皮,不动原封者一角笞二十,每三角加一等,杖六十为限;如果损坏公文,一角杖四十,每二角加一等,杖八十为限;如果沉匿公文或折动原封,一角杖六十,一百为限;如果是事关军情机密文书,不论角数,都要杖一百。有规避情况者,还要从重论罪。铺司不行告举者,要与犯人同罪。

各铺长要在自管铺分,时时往来巡视,提调官吏更则每月一次亲临各铺刷勘复查。如果失于检举,通计公文稽留及磨损封皮、不动原封十件以上,铺长笞四十,提调吏典笞三十,官笞二十;如果属损坏或沉匿公文,折动原封,铺长要与铺兵同罪。提调吏典减一等,官再减一等。府州提调官吏失于检举,亦各递减一等治罪。在接送使客过程中,如果出使人员应乘驿船驿马数外多乘一船一马者,杖八十,每一船一马加一等;如果是应乘驴而乘马,应乘中等下等马而勒要上等马者,杖七十,因而殴伤驿官者,各加一等。如果属于驿官纵容应付者,也要各减犯人一等治罪。如果使客应乘上等马,而驿官却给中等下等马,罪坐驿官。如果出使人员多支廪给,要计赃,以不枉法论,当该官吏给与者,减一等,强行索取者,以枉法论。如果驿官将驿马私自借用,或转借与人及借之者,各杖八十,驿驴减一等;验口追雇赁钱入官,若计雇赁钱多者,各坐赃论，加二等。

其他如乘官附载私物，承差转廪寄人、占宿驿舍上房、公事应行误时，文书应给驿而不给、私役铺兵、铺舍损坏、邀取实封公文等情况，都有相应的处罚条例。对此明人曾不无自豪地说："考之职掌，应合给驿有制，应付脚力有制，填给勘合有制，自非特遣责军情重大事件，不得轻乘递滋扰。一邮之置，必先踏勘，工部营造，吏部栓官。一符之给，必严销缴。内官内府兵曹，外关抚按司道，稽留诈冒，具有常例，法令之详核又如此"。考之明代驿传制度规定，确是如此，至于在实践中是否都能认真执行，则另当别论。

三、驿传制度的鼎盛

清朝在驿站基础上建立邮政。为了及时掌握各地军务政情，迅速贯彻中央的政令，我国早在西周就开始设立驿站，传递公文信息，经过数千年的沿革，直到清末才被邮政制度所替代。中国古代驿传制度与东西方各国相比，自成一体。在交通不发达的情况下，传递公文信息的效率相当高。当然也存在一些缺点。它主要负责公文传递和官员乘驿，不受理私人信函。庞大的驿站网络只能靠政府拨款维持，负担十分沉重，传递的信息量不大，人力有很大浪费。古代驿传在治安方面所起的作用是迅速而准确地传递公文，以便决策者迅速作出准确的判断，及时采取行政措施。清朝政府为保证公文传递的迅速准确和安全保密，制定了一整套比较严密的保密制度。

近代邮政事业创始于英国，很快传到世界各地。光绪二年（1876年），总税务司赫德提出在中国兴办邮政事业的建议，但清廷因循守旧，不予采纳。直到光绪二十一年，各国在中国沿海城镇相继兴办"书信馆"，形势逼迫下，清政府才感到古代驿站岁需"三百余万金"，难以维持，被迫接受邮政制度，开始邮政、电信事业的改革。西方的邮政、电信技术和制度移植于中国，几番周折，经历曲折。清朝负责全国驿传的最高机关是兵部的车驾清吏司。它负责全国驿站的定点规划，配置车马舟船等交通工具，制定驿传条例。会同馆，又称“皇华驿”，负责京师的公文传递，由兵部侍郎管理。捷报处设在京师东华门外，各省驿站递送的公文，都送到捷报处，再由捷报处送交奏事处进呈。凡军机处所奉字寄密封谕旨，均由本处加上兵部钉封，外加夹板，然后发火票交差官驰送各驿站。各省奏折朱批后，由军机处发送者，或用报匣，或用夹板，均交捷报处发递。各省分别在捷报处设驻京提塘官一人，职责是，交送本塘咨送各部院的公文，接受各部院咨送本省的公文。全国各地根据不同情况，不同地理位置，分别设立驿、站、塘、台。各省腹地所设为驿，隶属于州县衙门，车马钱粮，均由当地州县供应，各省驿传事务由按察司总管。各驿站之间，每隔 15 里设立一处“急递铺”，传递一般公文，全国共有 13833 所。每铺递送公文设铺兵 4 名，总管铺递事务铺司一名。这些兵差大多由住在附近且家道殷实的青壮年承担，可免除其他差役。各县专设铺长一人，管辖巡视境内各铺。另有提调官吏，每月亲自到各铺查勘急递公文情况一次。

盛京的邮递机构也叫“驿”，但不隶州县，直隶于盛京兵部，专设驿丞管理。“站”是为传递军事信息而设的。自京师北昌平县回龙观站起，迤通而西分为两路：一路通往张家口、接阿尔泰军台；另一路沿边城，过山西、陕西、甘肃，出嘉峪关，而达新疆。每军站派驻千总、把总或外委，专司军情文报的接递。站的钱粮夫马供应也由州县负责。另外，吉林、黑龙江所设也称站，每站设笔帖式，隶属于将军管辖。直隶、喜峰口、古北口、独石口、山西杀虎口外所设亦曰站，连接蒙古各站。由理藩院掌京管理口外各兵站，车马钱粮均由直隶、山东供应。蒙古境内所设亦为站,大多由蒙古旗兵绕骑校或佐领负责管理。嘉峪关外,安西州、镇西府、迪化州各属仍设驿,而安西、哈密等处兼设军塘、营塘,负责急件和一般公文的传递,一般设都司或守备负责邮传。在蒙古和新疆等地还设“台”,负责邮递,由阿尔泰都统和伊犁将军、科布多参赞大臣等管理。

按照规定,驿、站、塘、台传递公文,由中央机关发出的要加兵部“火票”;由各省区送呈京师的公文,以及各省区之间互相咨照的公文,一般贴“连排单”(亦称“滚单”)。“火票”与“排单”均填明发出的时间和每日应当传递的距离。公文以其紧急情况分为日行三百里、四百里、五百里、六百里等级别。各驿站接到公文,必须按规定传递。紧急公文如果不按规定时限传递,贻误时机,有关人员要受严厉处分。寻常公文若要按紧急公文处理,也要被参处。有的地方,因为地理原因,如崎岖小道,驿马无法奔驰,也要规定时限,超过时限,要受各种处分。各直省督抚遇到紧急事件,如参劾、荐举官员,财政奏销,军情处置等,通常派专差呈送,准允用火票一张。若是紧急公文,一面于马上飞递,一面备文司道以便查核。

寻常公文由各急递铺传递。每个急递铺装备一个十二时晷牌子,两本牌额铺册,用于登记传递公文的时间、件数、完好、破损情况。每名铺兵也自备回册一本。凡公文到铺,不问件数多少,铺司要立即登记册籍,并指派铺兵负责递送,不许等待后来文书,以免误事。各驿站必须将何年何月何日何时收递的各种文件逐一登记,送呈管理驿站衙门查核。还要按季报呈督抚衙门,各省于年底咨报兵部查核。各省督抚系封疆大臣,为了保证督、抚便捷奏事,还有一种“报匣制度”。报匣由皇帝赏给,督、抚升调别处,可将报匣带走。接任的督、抚未经赏给报匣者,可自行奏请赏给。各地督、抚奏事时,便将题奏木章置于报匣,加封后经驿站进呈。未赏报匣的官员，须将题奏本章用夹板夹紧，外用绵纸封固包裹，包纸的接缝处要钤盖本官印信，然后在外面角包上黄绫，交驿站传递。各省衙门之间传递公文及送达各部院的紧急公文，装在绵纸厚褙封套里，钤盖印信，交驿递送。

公文在传递过程中，如果泄露机密和耽误时间，均要查明原因，分清责任，给予相应的处分。按照规定：驿站铺兵所递的公文涉及军情机密内容，如果丢失，杖六十，徒一年。军台、塘站在递送报匣、夹板及兵部加封的公文涉及军务者，如发现被拆阅，该管大臣立即查究，不论官员兵役，均按军法从严惩办。如果文移札禀事关军需粮饷，调遣兵马及官员升调参革等机要文件被擅自拆损，应拟流罪；管台塘员并失察也要分别议处。通政司收到各省区题奏章本时，应首先查看有无破损、霉烂。如发现公文之中霉烂，应将题奏官议处；如发现是邮递过程中出现的霉烂，便要查究有关驿递人员，分别给予罚俸等处分。急递铺所递寻常公文如有破损，也要查究；如果磨破封皮，而不动原封，则按受损情况计算铺兵受罚等级，破损一角，笞二十；每三角，加一等；罪止笞五十。各省督、抚大员若是派专差递送奏章，均要出具随咨印文。奉差者应将印文与奏章一通呈交奏事官验明转奏；若是咨照部院的公文，应另备印单，书写公文件数和发文时间，令提塘官分投。收到公文的衙门，在查验完毕后，应在原印单中填注公文到达日期，退还原衙门查核。各州县驿站各设登记簿，以备每月彼此查考。发现迟误、沉匿，立即上报，以备查参。如果驿站不按原文件封面填写的处所投递，出现错误投递，也要查究有关责任。如果紧急公文的投递过程中出现特殊情况，如中途阴雨、河水暴涨，役夫役马突然病倒而耽误传递时间，应由地方官出具证明，方可免议。

驿传制度达到鼎盛之后便由盛转衰。清朝政府制定的公文传递安全保密制度是严密而合理的，但在实行过程中，仍有一些弊端。最为常见的是，滥以紧急重要公文的名义传递一般公文；或以公文名义，传递私人信函。例如，乾隆五十五年（1799 年）上谕指出："向来各省督、抚等陈奏各折，如遇有紧要事件急于上达：或地方公务关系重大，即需请旨办理；或有特旨令其由驿驰递。近日该督、抚等奏事往往擅用五、六百里驰递，及披阅奏函，不过寻常照例之件。事非重要，只益惊疑，甚属不晓事体。至由三、四百里及马上飞递者，该督抚等尤视为泛常，率行驰奏，殊非慎重驿站之道。嗣后各省督、抚等如非紧要事务，俱不准滥用驿递。倘不知轻重缓急，仍沿故习，必治以应得之罪。"这道训令并没有制止住滥用驿递的"积习"。嘉庆五年（1800 年）上谕承认："前因督、抚等于地方寻常事件往往由驿驰送，曾经降旨通过饬禁。近闻各省积习相沿。无论公文紧急与否，概由驿传。即通问私书，属员贺禀均用印封交驿，甚至有由六百里加紧加快驰递者，以致各驿站每日急递公文多至数百件。各州县官设驿马专为驰递文报，今擅递私书贺禀，以私事而用官驿马供其驰送，其流弊无穷。"这样各驿站势必把紧要公文视为寻常，不予高度重视，反而延误时间。当然，这次禁令仍不可能认真执行。冯桂芬在《裁驿站议》中说："凡官场家室平安之报，友朋通问之缄，大书'投递，二字，即付烽递送执。笔人昔曾幕游直隶，尝见某道员以往来贺节贺寿之例信，而竟用五百里排单者。"

至于公文信件的延误，更是经常发生，往往数百里地，迟至五、六日，或十余日。推究原因，各地管理驿站官吏任意侵吞驿费所致。"驿站之马类多疲乏，不能行走。"于是将应递文书延搁，凑至数起始送。不仅寻常公文经常迟延，而且连军报也经常延误。太平天国起义时期，军报经常发生丢失、延误事件，不得不专门派员到各地巡视，"挨站根究"。重要的公文的失密现象也严重存在。有的将重要公文私拆钉封，潜行阅看，窥探秘密，有的干脆窃走。这些属于政治弊端，不是邮政制度本身能够杜绝的。尽管有以上流弊，总的来说，清朝的公文传递制度是严密而合理的。它不仅将公文按照紧要情况划分为等级，规定传递的里程和限期，而且规定各驿站递送公文必须谨慎从事，要认真查看前站有无拆损和延误，一一登记在案，以便查核。它还注意限制滥用驿夫驿马，过度役使铺兵等问题。这在交通不发达时期，比较好地解决了军情政情的通达问题。晚清邮政制度逐渐推行以后，古代的驿站邮递制度在相当长时期里仍然发挥着积极而有效的作用。

第三节　人口信息的辅助烽燧制度

除了驿传制度，中国古代还有烽燧制度作为补充。

所谓烽燧，是指烽堠或烽火台，是中国古代发明的一种传递信息的通信手段。烽是在笼子里面点上灯笼，晚上使用，燧是白天使用，点燃狼烟，直上晴空，用于报警。二者昼夜相继，目的是传递信号，及时发布预警，以维护边境地区安全。

西周时期，烽燧制度就已经出现。“烽火戏诸侯”至今家喻户晓，从中可以看出当时依靠烽火技术传递信息的情形。昏庸的周幽王把本该用作国防的信息传递之术，当成取悦美人的玩物，最终落得国破家亡、身败名裂的下场。到春秋战国时期，这种制度逐渐完善。《史记·魏公子列传》中记载了魏国烽火传递信息的情形。当时魏公子无忌正与魏王下棋,忽然有烽火传来,即“北境传举烽”[①]。至于信息的内容则是:“赵寇至,且入界。”[②]由举烽情况,不仅知道来犯敌人的国籍,还可以知道入界的情况。由此可知,当时的魏国边境已经建有非常成熟的烽燧制度。秦国完成统一后,加固和修缮各国边境城墙,同时对烽燧进行进一步完善。具体的做法是:沿边境线和边境各级边防城邑之间,选择地势较高之处修建烽燧,各烽燧之间一般相距数十里。当然,各烽火台之间的距离也会根据具体视界进行适当调整。每个烽燧,设有燧长一人和燧卒若干,均有边防戍守军人承担。烽燧本设在高处,再向上筑楼数尺,楼上再架设木杆和点燃烽烟的器具等。木杆悬挂笼子,里面装有芦苇、狼粪等。这样不停地采取架高手段,只是为了找寻一个更好的视野,让各烽燧之间能够互相观察清楚。当发现敌情后,便立即按照规定点燃烽烟,相邻烽烟的瞭望哨看到之后,便开始依次传递,直到传至指挥部。至于来犯之敌人多寡、距离边境远近等信息,通过使用不同的信号进行识别,以便指挥人员及时采取各种相应的防范措施。

进入汉朝,烽燧制度仍然是边境地区重要的通信设施。万里边境线上,凡是重要关隘和边防卡点都普遍设置烽燧。白天举烟,夜间举火,一直是传递军情和边关预警的重要手段。为了确保传递信息的准确性,在举火或发烟的同时,还需要按照预定的信号进行擂鼓。这样,戍边的军人在收到信号后,便可以迅速做出反应,按预定方案做好战斗准备。汉朝主要来犯之敌是北方的匈奴,故烽火台基本都布置在北部

---

① (汉)司马迁撰、(宋)裴骃集解、(唐)司马贞索隐、(唐)张守节正义:《史记·卷七十七·魏公子列传第十七》,中华书局2000年版,第1863页。

② (汉)司马迁撰、(宋)裴骃集解、(唐)司马贞索隐、(唐)张守节正义:《史记·卷七十七·魏公子列传第十七》,中华书局2000年版,第1863页。

边境地区。这些烽火台构筑于长城沿线及其内侧地区的重要交通线上，一般十里一台，各自依据地势修建。如果遇到恶劣天气，致使白昼不见烟，夜晚不见火，也有诸如快马传递书面报告的补救措施。如果发现信息传递内容错误，就要马上熄灭烽火，并且采取补救措施，派专人前往都尉府说明情况，及时对错误信息进行改正。

从现有考古发现，汉朝的烽火台布局经过了严密的计算，其规划、设计和施工水平均表现出很高的科学技术水平。据考古报告“（考古学家）曾多次用罗盘仪或目测实验，证明诸筑于平地、山头的所有烽火台，不论它们如何随着地形变化，站在其中的任何一个烽火台上，既能举目遥望前一座，也能回望后一座。”[①]由此我们不难想象汉代烽火台的规划设计水平之高，以及当时烽火传递制度的完善程度。烽火台曾对汉朝保卫边疆起到了重要的作用。汉宣帝时，匈奴的游骑常常侵犯边关，但是不能取得什么像样的战果，“就是得力于烽燧设置，使防军有所准备和相互支援”。[②] 可以说，在科学技术还不够发达的古代社会，这种烽燧制度充分利用和放大了视、听功能，成为传递信息的有效手段，对边境的安全起到了非常重要的作用。汉朝之后，烽燧制度仍然沿用，直至南宋抗金时期，还在使用这一古老的传递信息的方法。

---

① 项春松：《昭乌达盟汉代长城遗址调查报告》，载《文物》1985 年第 4 期。

② 《中国军事史》编写组：《中国历代军事制度》，解放军出版社 2006 年版，第 111 页。

第三章

中国古代社会治安人口信息的类别性划分

第一节　以人口身份划分类别

西周时期,已有“国人”和“野人”两类户籍。周灭商后,周天子将统治地区划分为国与野。“国”即“国人”,是周天子宗亲,聚集居住的民众;“野”即“野人”,是被俘虏之人,地域杂居的民众。一般来说,国人是自由公民,有参与政治、接受教育和选拔入仕的权利,有承担兵役的义务;野人则没有权利,只有义务,即需要向国家缴纳农业耕种果实,承担各种兵役杂役。在户籍登记时,国人与野人要分别登记,这也是早期以种族为界限的户籍类别。西周时期已经形成了较为完备的国家行政机构,出现了一批各司其职的各级官僚,需要有一个专门相对独立的户口类别。《周礼·夏官·司士》中记载:“司士掌群臣之版,以治其政令,岁登下其损益之数,辨其年岁与其贵贱,周知邦国、都家、县鄙之数卿、大夫、士、庶子之数。”[①]版，即版籍。群臣之版，即官员名籍。邦国、都家、县鄙，是各级统治者辖区诸侯国、畿内、采邑的名称。卿大夫是辅助统治者的官员。时庶子是周王室内部的保卫官员。司士对周朝内外官员每年都要登记，内容包含了年龄、身份和辖区增减等情况。西周时期已有工商从业者。既有官府统一管理的廪食工商者，也有分散在民间的工商者。官府不仅将一些农业人口划归官府管理，从事各种手工业生产为官府服务，而且指派工商业者为官府购买商品，形成最初的“官贾”职业。

春秋战国时期已有宗室户籍的记录。其沿袭殷商西周宗法制的族谱名籍。据《史记·屈原贾生列传》中记载，屈原被放逐江滨，面容憔悴，渔夫问他：“子非三闾大夫欤？何故而至此？”[②]“三闾大夫”是指：“三闾之职，掌王族三姓，曰昭、屈、景，序其谱属，率其贤良，以厉国士。”[③]楚国的王室有专门的三个姓氏，作为三闾大夫的屈原其主要职责是修籍序谱、选拔贤良、激励士风。春秋战国时期的四民分居形成了四种不同的户籍阶层。四民是指士、农、工、商。殷商西周已有士，是最低等的贵族阶层。春秋时期，士多为卿大夫的家臣，有的以俸禄为生，有的参加农业生产，还有的自己耕种自己的田地。随着“学在官府”向“学在民间”的转化，士逐渐成为一般知识分子的称谓。士的构成中，有中下层的贵族子弟，有出身庶民的知识分子，还有有一技之长但家贫无业的游民。

在前朝贵族世袭制度没落的形势下，各个诸侯国开始抢夺人才，社

---

① 徐正英、常佩雨译注：《周礼》（下），中华书局2018年版，第648页。

② （汉）司马迁撰、（宋）裴骃集解、（唐）司马贞索隐、（唐）张守节正义：《史记·卷八十四·屈原贾生列传第二十四》，中华书局2000年版，第1936页。

③ （汉）司马迁：《史记·屈原贾生列传》，中华书局2000年版，第1936页。

会上形成了一种养士之风，使士逐渐成为政治生活中举足轻重的重要阶层。农即从事农业生产的民众，包括自耕农和半自耕农。工、商是指从事手工业和商业的民众。春秋时期齐国的管仲对士、农、工、商采取了分别居住、世袭恒业的管理办法。总的原则是，集中居住使其子承父业、弟接兄业，时间短见效快易于成功。管仲在齐国划分国与野，国中设立21乡，其中士乡15个，工、商之乡6个，农则全部在野中。对户籍的顺序，管仲将士列为首位，农可以上升为士，而工、商者不得晋升。尽管工、商之人的社会地位较高，但是在政治上较低，排在士、农之后，表达了统治者不许其参与政治的用意。分居恒业的办法，客观上不仅维护了统治，而且有利于生产的发展。但同时限制民业的全面自由发展。四民恒业也为后代户口类别奠定了基本格局。

秦汉时期身份性户籍包括宗室籍、封户籍、官籍、农籍、商贾籍、学籍和守陵籍等。秦汉时期的身份性户籍首推宗室名籍。秦汉时期宗室人口有专门的户籍，是一类特殊的户籍。凡入宗室籍者，享有各种特权。在政治方面，宗室人员可以优先入仕，做官也可受封领地。在经济方面，宗室人员可部分或全部免除赋税。在文化方面，宗室子弟享有特殊教育的权利。宗室人口有专门的管理机构，中央政府中设有宗正府。商鞅变法时曾规定"宗室非有军功论，不得为属籍"。[①] 这样就限制了一部分宗室人员加入宗室籍的权利。但到后来，这一原则并未得到贯彻。宗室籍人数的不断扩大，加之政府没有很好地加以管控，使这一群体加速腐化，成为秦汉和后代历代王朝灭亡的重要原因之一。所谓封户，是指王侯贵族受封领地上的人户。在封建社会中，全体人员原则上都是

① （汉）司马迁撰、（宋）裴骃集解、（唐）司马贞索隐、（唐）张守节正义：《史记·卷六十八·商君列传第八》，中华书局2000年版，第1765页。

上级统治者的封户。皇帝把一部分土地和人口分封给王侯和有功之臣,形成相对独立的“封户”。秦统一后废除分封制。汉朝设立了功臣之封与贵族之封。尤其是对于刘氏子弟的王侯人户尤其之多。

秦汉时期设有官籍。汉承秦制,官员有官籍。其表现形式可以是官员上朝时,展示了记载其身份证件类的文书。一旦纳入官籍,本人和家属都可享受一定的特殊待遇。对一定级别的官员及其直系和旁系亲属,免赋免役。军功之家则更加优待。除此之外,官员犯法享有请、减、赎等权利。请是指司法部门不得轻易断案,需报请皇帝批准。减是指量刑时可由重减轻。赎是指可以用钱物赎罪。在执行刑罚时,也要尽量照顾官员的体面,减少羞辱和痛苦。秦汉时设有农户籍。农户是“编户”的主体,秦汉时期的农户主要由佃户、半自耕农、自耕农和部分中小地主组成。他们是赋税徭役的主要承担者。随着战国以来土地私有化进程的加快,农户队伍有了扩大的基础。而土地私有制所必然产生的土地兼并,使自耕农破产情况日趋严重。为了稳定和扩大农户阶层,秦汉政府采取了一系列措施,如轻徭薄税,减轻农户负担,尤其是在汉朝初年,多次下诏,免除田租,恢复农业生产,扩大农户队伍。提高工商业者和其他非农户的赋税,促使非农人口向农业人口转化。用限田的方法限制日益剧烈的土地兼并,防止自耕农的大量破产。在遇有水旱灾害,政府运用救济赈灾的办法保护农业人口,甚至在特殊情况下用输粮为官、赐民爵秩的办法提高农户的政治地位。这些措施都对农户的稳定起到了扩大和积极的作用。

秦汉的商贾之籍有了较大变化。商、周时期已有私人工商业者的存在,但当时通行“工商食官”之制。私人工商业者数量有限。春秋时期,随着社会生产力的发展,私人工商业者的经营范围和规模都有所扩大。到战国时,为适应这种情况,各国普遍加强了对工商的管理,设立专门的民籍——“市籍”。秦汉时的商贾具有两重性。一方面，随着统治者重农抑商政策的贯彻，商贾的社会地位日渐下降。早在战国时期管仲、荀子和商鞅等人就曾在不同方面提出“重本抑末”的主张，并把这种思想付诸于实施中。秦始皇统一全国后，正式提出“上农除末，黔首是富”的举措。汉朝初期，刘邦还规定：“天下已平，高祖乃令贾人不得衣丝乘车，重租税以困辱之。”[①]汉武帝时实行盐铁官营，贾人倍算，中等以上商人纷纷破产。另一方面，当时发展经济的政策，客观上又有利于商业的发展。

实际中，商贾的社会地位并不低。秦统一全国后，统一货币、度量衡，拆掉原来诸侯国之间边境的军事堡垒，建立以咸阳为中心四通八达的交通网。客观上形成了有利于全国工商业发展的物流交通渠道。汉朝允许商人用钱买官，事实上等于向商人开了入仕之门。据《汉书·食货志》中记载：“今法律贱商人，商人已富贵矣；尊农夫，农夫已贫贱矣！”[②]汉武帝一面在政策上打压商人，一面在实际中任用商人担任盐铁官吏，将桑弘羊抬到高位。从此形成了官僚、地主、商人融为一体的政治集团。学籍，又称弟子籍，指官立学校的学生。秦汉时期比较重视从学校中培养人才，入学子弟有专门的名籍，称为弟子籍，享受免除徭役的优待，为日后进入仕途奠定了基础。汉朝尤其是汉武帝时期，更加注重教育感化。弟子学籍逐渐成为社会上一个重要阶层。随着弟子学籍在经济、政治上待遇的提高，加入弟子学籍的人数大幅增加，不仅官僚地主，就连一般农户也可设法入学纳籍，使其成为相对特殊的户口类

---

① （汉）司马迁撰、（宋）裴骃集解、（唐）司马贞索隐、（唐）张守节正义：《史记·卷三十·平准书第八》，中华书局2000年版，第1204页。

② （汉）班固撰、（唐）颜师古注：《汉书卷二十四上·食货志第四上》，中华书局2000年版，第954页。

别。所谓守陵户，是专门守护帝王陵寝的人户。一般都免除或部分免除徭役，成为特殊的户口类别。实际上是各种贵族生前与死后的特殊。

魏晋南北朝的户口类别主要有士族、吏户、屯田户、均田户、兵户和僧户等。士族又称世族，是魏晋南北朝时期地主阶级内部的一个特殊阶层。东汉末年，由于封建国家治理职能的弱化和土地兼并的加剧，在社会上形成了一些占地广、人口多、权势大的豪强家族。曹魏实行九品中正制的选官制度，初期地方中正还能秉公办事，唯才是举。但是到了后期，地方豪强开始把持选举，仕途之路多为他们垄断，门阀政治已初露端倪。西晋时期出现了“上品无寒门，下品无势族”①的情形。到南朝时，除了不入民籍的奴隶、僧道等人口，在国家户口登记之中主要分为两大类，“士户”和“庶户”。士户的户籍登记十分详细。尽管在州、郡中保留中正官职，但士户已经绕开政府单独对有才之人进行拉拢。孝文帝改革时，以皇族鲜卑和汉族大姓为主体，对户籍进行分等，形成新的门阀士族阶层。士族户籍是大姓富豪把持仕途的结果。士族纳籍之后，籍内人户享有种种特权。一般来说，士族子弟可以优先为官，可以减免一定的赋税，甚至可以合法或非法地差役庶民。据《宋书》中记载：“周、汉之道，以智役愚，台隶参差，用成等级；魏晋以来，以贵役贱，士庶之科，较然有辨。”②士族户籍与官籍既有联系又有区别。士族户籍是豪强大姓把持仕途的产物，成分多为大官僚，可以视同为官籍。而一旦不为官，但由于祖上做官且是豪族大姓，其子孙继续编入士族户籍。而官籍成分均为在职官员。一旦不当官，且无子孙相继，籍被官籍除名。从一定角度看，士族户籍是世袭制，而官籍仅仅是任命制。士族在魏晋南

① （唐）房玄龄等撰：《晋书卷四十五·列传十五·刘毅》，中华书局2000年版，第839页。

② （梁）沈约撰：《宋书卷九十四·列传第五十四·恩幸》，中华书局2000年版，第1531页。

北朝时期内一直受到政府的打压,直到隋唐时期中央政府控制力度的加强加之重建土地所有制,使其逐渐销声匿迹。

吏户是政府中承担杂役人员的户籍。秦汉时吏役人员由民户轮流担任,没有专门的户籍。三国时战乱频发,吏役加重,一旦入役,不得离开,使吏役无人承担。故国家将其设立为一个相对独立的户籍便于治理。秦汉时期官吏的地位较高,即使是地方小吏也有一定的权力,并且可以通过战功、事勋获得晋升进入仕途,得到田亩、爵位。汉朝的爵位中最低一级的小吏其社会地位仍高于一般百姓。三国时期,吏一加重,一旦为吏,终身世袭,不得免除。吏的管理方式与社会地位与兵相似。到东晋时,吏除了承担差役,还要耕种官府耕田,实际上成为官府的佃仆。

屯田户是时代发展的产物。为了解决东汉末年战乱引起的人口锐减、荒地增多的问题,曹魏发布屯田令,由政府招募、征收民众开垦荒地,边耕边战,解决军粮不足的问题。随后,孙吴、蜀汉纷纷实行屯田制。屯田分为军屯和民屯。军屯属于“兵户”,下面会提及。民屯人户也称“客”“典农部分”,主要来源是政府招募的破产农民、奴婢和降军。屯田户一般没有迁徙自由,每年要向国家缴纳赋税,额度超过一半。曹魏规定:“且魏晋虽道消之世,犹削百姓不至于七八,持官牛田者官得六分,百姓得四分,私牛而官田者与官中分。”[①]除了缴纳官方的田租外,屯田户还要承担其他差役,如架桥、运输、修房等。民田户进行军事编制,接受军事训练,紧急情况下出征,平时不服兵役。由于民屯户负担较重,加之国有良田被地方豪强私吞,屯田制度逐渐废弛,最终被均田制取代。均田户,即北魏孝文帝提出的“计口授田”的均田户籍。前朝都

---

① (唐)房玄龄等撰:《晋书卷一百九·载记第九》,中华书局2000年版,第1886页。

曾实行过，农户接受国家的授田，国家对其正式纳编，又称为“正户”。按照均田制度，凡成年男女均为国家授田的对象。授田的数量，因时因地而异，大体上男多于女。授田分为口分田和永业田，前者有授有还，后者原则上归个人所有。根据授田多少，承担不同租调。在户口登记中，各户的人口、授田情况等都要详细登记。

兵户，即士兵及其家属专门户籍。东汉末年战乱频发，为保障兵员，魏、蜀、吴相继建立“士家制度”，设立兵籍。不仅士兵本人不能脱离兵籍，而且其子孙须世代纳籍。士兵的女儿要婚配给士家，形成士妇。士兵自身不属郡县，脱离民籍，集中居住管理。为了解决士兵及其家属的生计需求，实行军屯制度，以耕养战，边耕边战，完全与民籍脱离，形成独立户口类型。北魏时期，兵户分为两种，府户和营户。府户，是指在所平定地区设置军府，在军府赋役的士兵。营户，是指俘获的战俘，只在军队中从事劳役工作，不是正规军。秦汉之前，从军是国家公民的社会性义务，也是一种权力，有一定的社会地位。随着兵户的独立出现，使兵户的社会地位低于民户。在经济上，士兵及其家属要为国家和将领从事繁重的劳役，实际上成为奴仆，形成较强的人身依附关系；在政治上，一入兵籍，永在兵籍，世代为兵，不得脱籍，而且不得入仕为官；在婚姻上，兵籍子女只能与本籍通婚，不得与官户、吏户和田户结婚。所以兵籍人户压力很大，纷纷逃亡，甚至反抗。有的统治者不得不用“焚兵籍”的办法收买人心，从侧面印证了其受奴役的境况。

僧户，是出家僧道的专门户籍。道教是中国的古代宗教，古已有之。佛教在西汉时期传入中国，三国时期统治者对僧侣给予免役特权，使僧侣数量增加。十六国期间战乱不断，寺庙成为躲避战乱、逃避赋役的避风港。“百姓因澄故多奉佛，皆营造寺庙，相竞出家，真伪混淆，多生愆过。”[①]北魏成为中国历史上佛教发展的第一个高峰时期，大量世俗民众以合法和非法手段出家为僧。梁武帝时期，佛家成为国教，全国僧民数量暴增。一般出家的僧道都有专门的名籍。北魏时期设人统（后改为沙门统）管辖全国寺庙僧侣，规定僧民纳入“僧籍”，且定期检查，发现不在籍者令入民籍。在寺庙中，需要大量从事农作、斋祀、打扫等事务性工作的人员。其主要来源有四：一是官赐，将民众之间划拨；二是官配，将罪犯划归寺院管理服刑；三是投附，即破产农民皈依佛门；四是施舍，即寺庙信徒向寺庙“送户”供其差役。进入寺庙后，有的纳入僧籍，有的沦为依附的人户。僧道与依附人户的社会地位完全不同。虽然在僧道内部存在类似贵族的等级划分，但僧道整体仍享有种种特权，不仅免除徭役、赋税，而且不受世俗、法律的约束。尤其是僧道上层的阶层，已经成为与世俗贵族旗鼓相当的特权阶层。在寺院中依附人员，客观上成为寺院的奴隶，尽管脱离世俗贵族的剥削，但是要忍受寺院贵族的压迫。

隋唐时期主要按照经济划分户口，主要分为课户、不课户、营田户和僧寺户等。课户，是指“凡主户内有课口者为课户。”[②]主户，是指本地土著且有州县户籍的人户，又称土户、编户、居户、正户、实户等。课口是指按规定要承担租庸调的人口。按照均田制和租庸调制，凡授田成丁，每年要向国家缴纳租粟二石；调随乡土所出，每年纳绢二丈，棉三两，不产棉的地区，纳布二丈五尺，麻三斤；每丁每年服役 20 天，闰月加两天；如无徭役，须纳绢或布代替，折合每天绢三尺或布三尺七寸五分，

---

① （唐）房玄龄等撰：《晋书卷九十五 · 列传第六十五 · 佛图澄》，中华书局 2000 年版，第 1660 页。

② （宋）欧阳修、宋祁撰：《新唐书 · 卷五十一 · 志第四十一 · 食货一》，中华书局 2000 年版，第 882 页。

即为庸。但在实际运行中,往往大打折扣。唐朝中后期曾规定,凡服兵役者,不论募兵、府兵还是团结兵,均免租庸调和杂役;凡服匠役、丁役等色役,视服役种类和天数,可减免租庸调;对于单丁以及家贫人户,均减免租庸调,由此使国家税收锐减。不课户,是指无课口之户,主要包括以下几种:一是皇族亲属;二是流官九品以上官吏及其亲属。流官,是指流内官和相当于流内官的官吏,包括散官、勋官和封爵等,但不包括流外官吏;三是女性民众;四是男子中的非丁男。丁男的标准是年龄在20岁至60岁之间,除此之外皆为非丁男;五是孝子、义夫、节妇等;六是身有残疾者;七是奴婢、客女等。由于不课户享有免赋役权力,有课口者通过各种合法与不合法的手段进入不课户,这在下文户类转化中有详细论述。

营田户由屯田发展而来,初期多在边关以军屯为主,后来发展到内地。《资治通鉴》记载:营田的大量出现使政府设置营田务加强管理,营田户不入州县户籍,而由营田务直接登记呈报户部。营田户所耕种的土地均为国家所有。营田户的来源主要是逃户、流民和浮客等。所以营田户要向国家交租纳粮。具体方式有三:一是雇佣式,即国家雇佣人户耕种营田,收入全交国家;二是租佃式,即分成地租进行缴纳;三是劳役式,即政府把营田分为公田、私田,营田户必须对公田进行耕种。由于营田户地位低微,生产主观能动性较弱,唐朝政府又将营田转化为永田,下放土地权限,使国家营田变为私人田地。魏晋南北朝时期,已有“衣冠”的称谓,主要是门阀士族。隋唐时期延续门阀士族的九品中正制已废除,取而代之的是科举取士制。按照相关规定,凡科举获得进士及登科以上者,成为衣冠户。衣冠户可以免除徭役。不仅如此,衣冠户还可凭借声望势力,获取法外特权。政府虽进行限制,但是效果不佳。隋唐时期的僧道及其依附寺观的人户是重要的户口类别。除寺观本身的僧侣外,还前后出现两种特殊户籍:一是唐朝前期的"观寺部曲",世袭的依附在寺观中的人户。他们多为没落的奴婢,地位比一般依附寺观人户还要低,承担日常杂役、守卫寺观和应征兵役等任务。二是唐朝后期的"枝附人户",即为逃避赋役而投附寺院"冒为僧道"的人户。他们在寺观中充当杂役,但未脱原籍,也未在寺院附籍。

除此之外,隋唐时期还有一些没有州县户籍的人户。一是杂户,杂户可以在州县附籍,可以不像民户承担赋役,有"老免进丁,受田依百姓例"的待遇。较之前朝地位有所上升。二是工乐户,工即百工,由少府统一管理的工匠;乐即乐人,是指因犯罪被分配的户籍。"诸强盗杀人者,首从斩,妻子同籍,配为乐户;其不杀人,及赃不满五匹,魁首斩,从者死,妻子亦为乐户;小盗赃满十匹以上,魁首死,妻子配驿,从者流。"① 这两类人户由官府管理,在州县没有户籍,可以不缴纳赋役。三是番户,是指轮番在官府作杂役的人户,为官府服务,不入州县户籍。

第二节　以人口经济划分类别

宋朝时期户口类别更加侧重经济划分。首先是主户,即占有土地承担赋税的人户,也称正户、土户。主户又分为乡村主户和坊郭主户。在乡村主户中,有地主、形势户等身份户籍,也有广大的自耕农和半自耕农,还包括了各种专业户。主户原则上要承担赋役。宋朝实行户等制度后,规定户等高的减免税赋,这使下等户中的自耕农和半自耕农背

① (北齐)魏收撰:《魏书卷一百一十・刑罚志七第十六》,中华书局2000年版,第1930页。

负沉重的包袱。其次是客户,即“居人之地、佃人之田、庸而耕之”的农户。农村中的客户,还包括虽无土地但有部分农具的佃农。而佃农不一定都是客户,有的佃农进行转佃营生,俗称“二地主”。由于客户没有自己的土地,所以不承担国家的赋役。其身份依附于主户,甚至受到主户的奴役,社会地位较低。再次是坊郭户,是指在城市中的工商业者。宋朝时期,商品经济迅速发展,城市贸易人口增多,手工业者发达,与农村形成明显差别。宋朝的城市主要分为三类:一是政治中心,以国都、陪都为代表,如汴梁(今开封)、大梁(今北京)、杭州等城市;二是军事重镇,以边境重要战略城堡为主;三是贸易集散地,如建康(今南京)、苏州等,聚集了大量的工商业者。从事工商业的坊郭户要向政府缴纳“营运钱”。但不同城市、同一城市不同工商业者之间营运数额存在较大差别。为了合理征收营运钱,宋朝政府也对坊郭户按照资产评定等级,分级征收。最后是一些小众户籍。一是形势户,由品官之家、差役人员和地方豪强等构成。他们占有土地甚至庄园,侵占官田,因成分复杂,他们有的依法避税,有的借势逃税。尽管宋朝政府专设形势版籍,规定法律制度,但都无济于事。二是官户,是指官品之家。宋朝统治者特别优待官僚士大夫阶层。官户享有特权,政治上有袭爵荫子制度;经济上有减免赋役的政策;法律上有请、议、减、免、赎、当等手段。不仅如此,官户还谋求更多的法外特权。三是农村专业户,即在农村中专门从事某项生产经营以此为业的人户。例如,有经济作物种植的蚕户、茶户、蔗糖户、苗圃户;有加工养殖业的酒户、磨户、焙户、渔户;有开采矿产的矿户、冶户、窑户、井户以及印染户、田猎户、造纸户和船户等。他们没有专门的户籍,都由州县统一管理。四是归正人,是指南宋时期,由原北宋地区迁徙到南宋控制区的人户。南宋政府对归正人户集中安置在京城及其周边,有时分配给土地、牲畜和农具等,免除一定期限的徭役、赋税。同时还加强管制,设置专门户籍管理,一般不许参军,更不许进入仕途。

元朝实行军、民、匠、站分籍的户口制度。军是指军户。元朝时期的蒙古人,仍过着兵民合一的游牧生活,战则出军,平则放牧。进入中原后,元朝指定部分人户专门承担兵役,兵源从固定的军户中签发。进入内地的蒙古人户、被俘虏的降军之家和其他民族人户等都被编入军户。军户又分为蒙古军户、汉军户和新附军户等。蒙古军户,是指在蒙古族中专服兵役的15岁以上的男子;汉军户,是指原金朝统治区的军户;新附军户,是指原南宋投降的军户。对蒙古军户,在有关的府设官管理;对汉军户,由路、府、州、县的负责人管理;对新附军户,由军官直接管理。军户簿册一经登记,户中必须出成年男子到军中服役,父死子替、兄亡弟代,世代相袭。对于军户,政府只发给口粮、食盐和衣物,兵器、马匹和其他用品均需自备。军户可以减免一部分的赋役,如差役、税粮。汉军户中,实行正军户、贴军户制,即以三户左右合出一军,其中丁力强者充军,其余出钱津贴。出军者是正户,出津贴者是贴军户。新附军户因为军丁本人及其家属要按月缴纳粮食,他们与占有土地的民户一样要纳税当差。由于军人常年征战,武器和日常开销巨大,有的军户需变卖家产度日。加之各级军官层层克扣,迫使军户多有逃亡。

民户,是指占有土地的自耕农户,原则上都要承担赋税徭役。蒙古族进入中原的过程,是私有田地国有化的过程。这使拥有自己土地的自耕农户数量较少,而登记在册的就更少了。元朝统治时期,官僚地主对土地的兼并掠夺一直没有得到有效遏制,赋税比例严重失调,民户大量破产,动摇了元朝统治的根基。

匠户,延续前朝。元朝的匠户主要来源有二:一是在战争中俘虏的工匠;二是从民间选拔的手工业者和一般民众。匠户必须在官府的手工业局服役，进行纺织、营建、军器、工艺品等手工业生产，由各局、院直接管理，在户籍登记中自成一体，世代相传，不得脱籍。匠户要从事指定的差役，若不从，要“痛行断罪”。有的并非工匠出身的匠户或从事自己不擅长的差役，往往出钱代公服役。匠户的工作，须在官吏的监督下进行，“每日绝早入局”“抵暮方散”，很是辛苦。匠户可以免除客察，但不免地税。在匠户中，有一种是全家入局造作，他们多是被俘虏的工匠，除官府发放的盐粮，没有其他收入，被迫典质子女。家中尚有田产的工匠，尽管服役时可以得到一份盐粮，但也受到各级官吏的盘剥。因此，匠户中逃亡甚至反抗的事件常有发生。

站户，是指元朝在全国交通要道承担相应维护的人户，由称站赤之户。站户有水、陆之分。水路用船，陆路用马、牛等牲畜。站户承担制度职责主要有三：一是交通工具的保障，即水站备船、陆站备马、牛；二是交通工具的使用，即水站出船夫、路站出马夫；三是交通食宿的供给。站户平均四户养一匹马，每户可以免除四顷土地的地税。站马有多种来源，有的是国家出钱购买，配发给站户饲养服役；有的是驿站所在地的人户集资购买，由站户统一使用；有的是站户自己购买。但不论来源如何，站马死亡须由站户自行承担。站户可以减免田税，杂泛差役与普通民户无二。尽管元朝政府规定只有国家军政事务才可使用乘驿，并且要有官府所发的凭证。但是皇亲贵族、上层僧侣和地方豪强任意乘驿，使驿站负担越来越重。站中的富户与官府勾结逃避站役，使普通站户负担加剧，甚至被迫逃亡。虽然元朝政府采取限制使用驿站、规定通行凭证和发放救济物资等办法，但效果有限。

明朝户籍类别以经济划分为主，主要是民户、商户、匠户等。民户主要由三部分人构成：一是自耕农和半自耕农；二是佃户和乡村专业户；三是非身份性地主。自耕农和半自耕农是民户的主体，是赋税徭役的主要承担者。明朝初期自耕农数量增加，但随着战乱灾荒，自耕农负担不断加重，投附为佃户，甚至破产、逃亡越来越多。在民户中，包含一部分佃户。明朝佃户种类较多：一种是庄佃，即向地主上交卖身契约、投主约文，形成严格的隶属关系，其服役范围主要是看守坟墓、祠堂，及婚丧嫁娶祭等日常活动。庄佃有的入民籍，有的附籍于主户。另一种是佃仆，也与地主形成赁田约文，原则上没有依附关系，但在地主恶霸的压迫下世代相承，实际已经丧失了独立的民籍。还有一种是伙佃，即伙佃田亩、合伙承揽山林湖泊。在经济上，佃户是佃田交租、兴山分成，对地主没有隶属关系，一般入民籍。

商户，是指从事商业活动的人户，分为行商和坐贾两种。行商，是指从事长途贩卖的商人。行商一般在当地入籍，属于州县。其外出行商时，要经官府批准，领取官府下发的凭证，如“物引”“商引”。若无此凭证，严重的杀头，轻微的流放。在外居住时，客店有官府下发的“店历”，逐日登记客商姓名、人数、启程日期。月终到官府查验。管理行商税务的各税课司、局，也置有簿册，以备季末、年终稽考。行商贩运的商品，除农具、书籍外，均需纳税，纳税的形式有货币和实物两种。在行商所经过的城镇、关津、渡口、桥梁等处，均设有征税机关，行商被征税烦琐。据《明史·卷七十八·志第五十四·食货五》中记载：“明初务简约，其后增置渐多，行赍居鬻，所过所止各有税。”①除法定税收外，行商还会受所到之处地方豪强的盘剥。坐贾，是指在城镇中以经营固定店铺为主要生活来源的人户，又称“铺户”。随着明朝商品经济的发展，各个大小城镇铺户数量越来越多。开设铺户的有普通民众、农民、百工、

① （清）张廷玉等撰：《明史·卷七十八·志第五十四·食货五》，中华书局2000年版，第1318页。

军士等。而宦官、勋爵、皇族开设的店铺，一般带有招揽行商、停货发售的官府性质，在性质上与一般铺户不同。铺户往往具有双重户籍，其一是本地户籍，因其长期生活在本地，具有本地户籍且一般不予变更。其二是专门户籍，因铺户设置相对集中在坊厢，为了便于管理按照行业类别对其进行单独编甲。铺户须向政府缴纳交易税金。按照商品售价计算，三十税一。除去纳税，还须承当差役。除匠商、军商，其他铺户还要编入里甲。在里甲之外，还要承担特殊差役。例如，在内府各监局听候差遣，买办各种必需品以及承担征收税金的临时性任务。铺户最主要、最沉重的差役是买办。买办又分为以下几种：一种是当行买办，即官府强迫铺户将其商品卖给官府，官府还对铺户进行清查编审，称为“审行”。另一种是招行买办。由于大贾富商通过贿赂官吏逃避当行买办，使大部分小商户承担当行买办任务。小商户由于店小资少，无力买办，只能向官府缴纳“免行银”，免除当行买办，由官府自行招商。还有一种是佥商买办，即在招商买办的同时强迫商贾买办。不论是哪种买办，都是官府、富商对小商户的强制性掠夺。

匠户分为三种：一是住坐匠，户籍在京师，派在本地服役，每月十天左右，由内府管理。二是存留匠，户籍在京师，派在本府织染、杂造等局服役。三是轮班匠，户籍在各省，每隔几年到京师服役三个月，轮班更替，由工部管理，其户可免除其他赋役。一旦成为匠户，世代相传，不得脱籍、不得入仕。据《明史·卷七十八·志第五十四·食货二》中记载：“凡军、匠、灶户，役皆永充”①。其社会地位较低，加之“监局中官，多占

---

① （清）张廷玉等撰：《明史·卷七十八·志第五十四·食货二》，中华书局2000年版，第1272页。

匠役,又括充幼匠,动以千计,死者逃者,勾补充军"①。匠户不堪忍受,多有逃亡。尽管明朝政府于成化二十一年(1485 年)对轮班匠实行输银代役的办法,于嘉靖四十一年(1562 年)实行匠班银制。但匠籍本质未变,匠户对政府仍有赋役的义务。实际中的匠户脱逃,使匠班银制落在里甲中其他人户上,加重了民众的负担。匠户直到清朝顺治二年(1645 年)被废除,手工业者才重获人身自由。

明朝除经济户籍外,仍存在政治户籍。一是官绅户。这是明朝地主阶级一个相对独立的户口类型。明朝地主阶级主要分为四种:第一,皇族地主,即皇室和宗藩人户,大多纳入宗室籍,是高居于其他所有户籍的特殊阶层;第二,贵族地主,包括外戚与功臣;第三,缙绅地主;第四,庶民地主,一般纳入民籍。贵族地主和缙绅地主构成明朝的官绅户。具体包括:功臣,即明朝开国及以后立过重要战功、为国做出卓越贡献的大臣;外戚缙绅,是指通过选举获得官职的现任官员及其恩荫子弟,或虽未出仕,但有监生、举人、进士等功名地位的人员。官绅户享有诸多特权,在法律上,其及家人享有议、请、减、免、当、赎等特权;在生活上,其诸如居住、礼仪、服饰、器用、婚丧、嫁娶等方面,均优于一般庶民。除此之外,官绅户还倚仗权势,获得法外特权。例如,以诡寄、投献等手段扩大良田数量,以种种借口规避里甲赋役,以乞求豁免、买田不过、恃顽不纳,欺隐田地等手段逃避纳粮缴税,甚至强占庶民田地。在客观上加重了官绅户与民户的矛盾,也加重了地主阶级内部的矛盾,为明朝的灭亡埋下了重要伏笔。二是军户。明朝沿袭元制,设立军户。明朝初期,编造军户图册有两种:一是收军册,用来记载各地补充到边关卫所

① (清)张廷玉等撰:《明史·卷七十八·志第五十四·食货二》,中华书局 2000 年版,第 1272 页。

的军丁;二是清勾册,是边关卫所用来向地方清查住在该地军户的簿册。之后,明朝编造军户图册增加到三种:一是兜底册,上面详细记载了各军丁本人及其父母、祖父母的姓名、籍贯、来籍和接受户丁等情况;二是类卫册,即按照所属边关卫所将军户划分开来;三是姓名册,打破卫所范围,将本地区所有军户按姓名进行编制,便于查验。明朝军户一经入籍,永远在籍,不得脱籍。一般应由本人服役,不得找人代替,否则对军户本人和替代之人实行杖、笞等刑罚,替代之人随即纳入军籍。军户免除其他差役,但须随军戍屯,全家跟随不得离开。国家对军户发饷,但数额很小,加之军官层层克扣,军户常有逃亡,甚至有的军士因缺乏训练而丧失战斗力。直到明朝中后期,国家实行募兵制,军户制才逐渐消亡。

清朝的人口户籍主要分为定居人口、流动人口和少数民族人口三类。定居人口的对象是定居在城乡的居民,包括各省、州、县、乡和村的所有定居者。“自缙绅以至商贾、农工、吏役、兵丁”。尽管他们的职业不同,但是生活基础相同。一般来说,他们有固定的房屋、土地甚至庐墓。他们受到血缘、姻缘、地缘以及财产等因素,安土重迁,户籍变化很小。定居人口的载体主要有两种:门牌和保甲册。为了便于定居人口的统计,通常以城镇街巷的厢坊和农村房屋的院落等自然形成的状态作为最小单位。门牌一般登记:户主姓名、户内成员和居住亲友等姓名;年龄、职业和功名等身份以及雇工、伙计和奴婢人数等社会关系。其中,女性成员可以忽略姓名、年龄、职业等,但需注明与户主关系。门牌还需注明所属保甲的名称以及负责人姓名。有的门牌还附有朝廷的各项禁令。保甲册一般登记:门牌的内容和经济状况。保甲册登记的门牌内容更加详实,如性别、行业年龄、户口变动以及左邻右舍的姓名、职业等。登记的经济状况主要包括:土地、房产和店铺等不动产。

流动人口，是指脱离原来居住地到另一地生活且时间短暂、行踪不定的人口。造成这一现象的原因有多种，或因职业、灾荒甚至逃犯。清朝政府认为这是影响社会稳定的消极因素，将其归类进行管理。流动人口主要分为：僧侣道士、渔民商船、厂灶矿丁、棚民寮户、流寓客商、无业游民和乞丐等。

僧侣道士，不仅相关其自身，而且相关其处所。清朝政府对僧侣道士的管理，比照定居人口，范围扩大到僧、尼、道、姑以及伙计等。“在籍僧道，应照保甲例，逐名造册，每庙门给门牌悬挂，同民户查点。”清朝政府给僧、道、尼、姑颁发“度牒”，禁止混领冒充。由于其相关处所经常有往来僧侣、路过游客投宿，人员复杂，流动性强，清朝政府对在寺庙庵观留宿的游方僧道和过往客人。单独造册清单形成循环日报簿，由寺庙庵观的住持等负责人每日填写。循环日报簿不仅记载留宿客人的姓名、年龄、籍贯，而且要填写其相貌特征、社会身份、从事职业、交通工具（有无车马）、是否结伙、往来何处等，按期呈送县、州查核。商船渔民，是指经常以渔业捕捞或长途贩运为业，漂泊在江河湖海，以船为家的人口。他们不一定脱离原籍，但是由于职业原因活动范围大、流动性强、难以通过原有方法统计上报。清朝政府规定，以船只为单位设立长正。福建和广东“十船设一甲长，十甲设一澳长”；“十船连环互结”。江苏和浙江则设渔船总甲、小甲。将陆地保甲应用在水面上，船头刻写标识代替门牌，船尾刻写鱼商字样，船两侧设置粉牌记载：某省某府某县第某号船，船主及船户姓名。内河渔船在船尾设置粉牌，详细记录船主、舵工、水手的姓名、年龄、籍贯；出海船只应取具名船互结，至各沿海口岸经过查验，才可通行。对于经常在固定水域、海域打捞的渔民，还应向陆地村庄的保甲长上报户口。厂灶矿丁，是指在煤场、矿厂、盐场、金属冶炼厂以及其他手工业作坊的手工业者。他们在生产场所附近，没有固定的房屋、田地、牲畜,也不携带妻儿老小,经常出现居无定所的情况。清朝政府管理厂灶矿丁一般采取两种形式:一是由行业协会上报,即厂矿主上报。采取“谁使用,谁管理,谁负责”的模式。由厂矿主进行约束督查。乾隆二年(1737 年)明文规定“矿厂丁户,由厂员督率厂商、课长及峒长、炉头编查”。二是由所在属地上报,即套用生产组织进行保甲编组。乾隆三年(1738 年)《开采矿山规条》明文规定“于开采山场,一山设立山总一人,稽查全山;每垄设立垄长一人,约束全垄;每工丁十人,设甲长一人管理。”工丁各给腰牌一个,填写姓名、住址、充某厂、某垄、某项执役字样,以便稽查。乾隆二十二年(1757 年)规定“盐场井灶另编排甲,所雇工人,随灶户填注。”在苏州踹坊,每作坊设坊长一人,清查本坊踹工来历,要求踹匠五人连环互保,取结册报,一人犯事,四人同罪。棚民寮户,是指居住在山区以租地形式从事农业、烧炭、造纸且居住在棚寮中的人口。“棚民之称,起于江西、浙江、福建三省。各山县内,向有民人搭棚居住,艺麻种箐,开炉煽铁,造纸制菇为业。而广东穷民入山搭寮,取香木舂粉,析薪烧炭为业者,谓之寮民。”因其散居深山、三五成群、住所临时,不便于集中管理,所以清朝政府将其纳入流动人口。清政府有明确要求:一是来源可靠。乾隆二十八年(1763 年)规定,各省棚民单身赁垦者,必须在原州县领取印票,方准租种。二是属地社会化保甲管理。“寮民亦照保甲之法,每寮给牌,令相互保结。”三是划分责任人,由地主、业者通保甲长共同承担责任。“照保甲之例,每年按户编查,责成地主并甲长出结,呈送州县官,据册稽查。若居住分散,不论棚数多寡,自为一甲,互相稽察。内已置有产业,并愿入籍者,俱编入土著,一体当差。至一邑中有四五百户以上者,该管官即于棚居乡庄内选立保长,专司巡察。”流寓客商,是指流动的商人。如果流动商人落地开业,不再离开,称为落户开业者,将其编入本地保甲。

如果流动商人继续游走，不曾落地，称为往来无定者。对于往来无定者，根据所在环境，将其编入临时保甲，由客长负责。一是在商人聚集的市场，“于一甲之内专设客长一人，给循环簿，令将姓名、籍贯逐一登记，按季交官查验，以补保甲所不及。”二是在商人居住的会馆，“向置会馆，设立客长……凡客货出隘，许客长将客人姓名、籍贯、货物及发往何处，一一注册，报该州查实。”

少数民族，以清朝八旗尤为突出并效果明显。清朝八旗的户籍由《丁册》和《户口册》组成。《丁册》和《户口册》均以“旗”为单位。《丁册》是按照“正户”、“开户”和“户下”的顺序，记载成年以及未成年男丁和户主以及户下奴仆等，且每人必须填写三代履历。《丁册》由佐领编造，上报甲喇，甲喇汇总送呈固山。固山制作副本，一本呈报户部俸饷处，一本留存本旗。《户口册》由佐领编造，记载成丁、老弱、亡故、妇孺以及秀女情况。在民族地区，清朝政府采取本土化方式管理户籍。在回族聚居区域，“令礼拜寺掌教稽查”；在藏族聚居区域委托营官管理户籍；在云南、贵州和四川，以土著领袖负责当地治安和户籍。由于本土化方式不同，户籍统计方法也不尽相同，出现了以丁、户、族和村寨的不同的统计单位。“凡腹民计以丁口，边民计以户。盖番、回、黎、苗、瑶、夷人等久经向化，皆按丁口编入民数，其以户计者，如三姓所属赫哲、费雅喀、奇勒尔、库页、鄂伦春、哈克拉五十六姓，甘肃各土司，及庄浪厅所属番子，西藏各土司所属三十九族，乌里雅苏台所属唐努乌梁海贡貂户，科布多所属阿尔泰乌梁海贡貂户、贡狐皮户，阿尔泰诺尔乌梁海贡貂户，贡灰鼠皮户，皆是。至土司所属番夷人等，但报明寨数、族数。”对于临近内地，长期与汉民杂居，已经适应汉族基层组织的少数民族，清朝政府通过推行保甲制人口管理。康熙年间曾在旗民杂居的州县推行保甲，乾隆年间又要求各地旗人一律编入保甲，而后又扩大到蒙古区域。乾隆二十二年(1757 年)规定,“旗民杂处村庄,一体编例”“边外蒙古地方种地民人,设立牌头、总甲及十家长等”“苗人寄籍内地,久经编入民甲者,照民人一例编查”“云南有夷民错处者,一体编入保甲”“川省客民同土著一例编查”。通过保甲效果较好的地区是改土归流后的地方。湖北长乐县,“每保置保正一人,上则有乡约,下则有甲长、牌长”,与汉族保甲制完全一致。乾隆年间的贵州“各府州县所辖内地熟苗,与汉民鳞栉居住。向虽为入编审,而保甲门牌与汉民一体编设”。在少数民族聚居区、杂居区设置保甲,都要考虑原有的社会组织形态,进行保甲制的本土化改造,即“因彼管束之旧例,寓我稽查之法”“于旧有头目内,择其善良老成者,按寨大小,酌定乡约,保长、甲长,令其管束稽查。”

第三节　户类之间的转化关系

秦汉时期严禁擅自变更户籍类别。由于户口类型是以出身、职业为基础,在一般情况下是不能随意改变的,违者要受到惩罚。县令、县尉不准将卒包藏为弟子,违者县尉罚二甲,免职;县令罚二甲。秦末的农民战争使贵贱易位,贫富交替,户籍类别也多有转化。一般来说,分为由上降下和由下升上两种情况。由上降下,即由贵变良,由良变贱。主要途径有四:一是因懒惰而贫穷的不务正业者。商鞅变法时规定,“事末利及怠而贫者,举以为收孥”①。二是无功勋者,即“宗室非有军功论,不得为属籍”。三是犯罪,既包括本人犯罪,又包括连坐责任。四

① (汉)司马迁撰、(宋)裴骃集解、(唐)司马贞索隐、(唐)张守节正义:《史记 · 卷六十八 · 商君列传第八》,中华书局 2000 年版,第 1765 页。

是因生活窘迫自卖为奴。由下升上，即由贱入良，由良入贵。主要途径也有四：一是考试，通过进学进入仕途改换门庭。二是有功勋。商鞅变法时规定，杀敌多少、军功大小，晋升级爵，使奴隶通过战功上升为庶民甚至贵族。三是赎买，即对于自卖之人通过人赎、爵赎、役赎，由贱籍恢复为良籍。四是买爵晋爵，获得官籍，进入富贵。

魏晋南北朝时期的户口类别，有着严格的贵贱高低之分，未经许可，不得随意变更。但在实际中，户类变更情况屡有发生。首先，是士族与庶族之间的户口类别诈冒。在政治上，士族垄断仕途，庶人一般无缘仕途；在经济上，士族享有各种特权，而庶人则需缴纳赋役；在社会关系上，严禁士、庶通婚。在现实中，士籍冒伪的情况非常严重，当时天下版籍由寒门出身的中书通事舍人掌管，这就为庶族地主阶级窜改户籍提供了便利。对于士族冒籍问题，官府也采取了措施，包括清理诈伪士籍进行户籍整理、编订家谱以纯士籍和大张旗鼓地检籍，结果确是收效甚微。随着门阀士族的逐渐没落，士、庶界限在户籍中得以解决。其次，由于统治者尊奉佛教以及僧道之人享有种种特权，寺庙成为逃避赋役的主要场所，僧道人数快速增加。大量民众通过合法和非合法的手段转入僧道寺观依附人户，严重影响了国家的赋税与徭役。因此，官府出台多种措施：第一，确定出家资格，限额官度。第二，检括僧侣，取缔私度。第三，禁断佛教，坑杀僧门。中国历史上有名的佛门“三武之难”有两次就发生在这一时期。最后，政策规定上，是以各种杂户为主体的贱户。贱户与其他正户之间，是不能随意更改的。实际生活中，良、贱之间的转换又经常发生。北魏初期“抑良为贱”，即大量掠夺汉民和其他少数民族，强迫其从事各种差役，编入贱籍。关于贱转良籍，要么贱民进行反抗，争取良民身份；要么等待朝廷实行赦免政令，贱民可脱籍为良。

隋唐时期着重发展课户。课户,主要是指自耕农户,承担了封建王朝主要的赋役任务。但由于各种原因,课户的地位非常不稳定,经常处在被缩减状态。为了征讨赋税,要发展课户数量,重点是自耕农阶层,隋唐时期采取了多种办法。首先是推行均田制,这是稳定发展自耕农的主要办法。其次是扩大课户范围。据《旧唐书·列传第六十八》中记载:"炎因奏对,恳言其弊,乃请作两税法,以一其名,曰:'凡百役之费,一钱之敛,先度其数而赋于人,量出以制入。户无主客,以居者为簿;人无丁中,以贫富为差'。"①再次是田地私有,使大量盈田户转化为自耕农户,增加课户来源。最后是放良为贱,允许贱户转化为良户,使其成为国家正式编户,从而承担国家赋役。唐朝初期,佛教道教出现兴盛,给中央政府带来威胁。于是,中央开始限制僧道的权力,严格私度僧道。但安史之乱后,国家财政困难,不得已以贩卖度牒以缓燃眉之急。以致后来导致财政一出现紧张就出售度牒。与此同时,人户还以各种合法以非法手段进入寺观,加大了中央政府的财政压力。据《旧唐书》中记载:"其天下所拆寺四千六百余所,还俗僧尼二十六万五百人,收充两税户,拆招堤、兰若四万余所,收膏腴上田数千万顷,收奴婢为两税户十五万人"②。从此,佛家等宗教走向下坡。隋唐时期对贱户也有特殊处理。一般情况下,贱户一入贱籍不得更改。贱户只能和同户婚配,不等同良人婚姻。为了实行人口的发展,隋唐政府采取放贱为良的措施。首先,是老者以免,即达到一定年龄可放宽至良民。其次,是基者以免,即身患重病不仅可以减轻甚至免除赋役,而且可以放出为良。再次,是功勋

① (后晋)刘昫等撰:《旧唐书卷一百一十八·列传第六十八·杨炎》,中华书局2000年版,第2323页。

② (后晋)刘昫等撰:《旧唐书卷十八上·本纪第十八上·武宗》,中华书局2000年版,第412页。

免贱，即受到朝廷表彰有功勋者，可进入良籍。最后，是赦免入良，即国家遇有重大节日庆典进行赦免时，也可以发贱为良。

宋朝时期的户籍类别焦点以官户、主户和僧道户最为集中。宋朝诈冒官户较多，与朝廷买官取财以解财政困难有关。扩充官户造成泛滥。一些官户荫庇人户，不服差役；收受地主献地，使地主名义上称为“佃户”，史称“诡名狭佃”。不仅减少国家税收，而且加重一般农户的负担。为制止诈冒官户、诡名狭佃的行为，宋朝采取多种措施。第一是从法律上更改入官程序，第二是纠察诈冒，第三是采取经济手段限制析户。官户析户的利益在析得土地可以减免赋税，为了限制“诡名狭佃”，官府规定“格外田亩同编户科役”。但是，对于输金补官的情形，客观上存在“得数千缗于一日，而失数万斛于无穷也”[①]。所以屡禁不止。宋朝的主户与客户可以进行转化。其中主户是税户，扩大主户即增加财政来源。一般“衣食有余，稍能买田宅三五亩”，官府都允许其纳入主户。同时还推行优惠政策引导客户转为主户置办田亩。在官吏的考核中，扩大主户可以增加管理俸禄。但在实际中，由主户转为客户的情形更多。主户中的上等户多是官户、形势户与地主户，他们经常以合法或非法的手段把赋税转移到中下户中，使中下户中的自耕农、半自耕农破产沦为客户。宋朝实行的“不立田制、不抑兼并”的策略，使土地向官僚地主手里集中，失去土地的主户便成为客户，甚至沦为佃户。宋朝对僧道的管理也越发严格。宋朝除道教受统治者关注，对其他宗教限制较多。而为了逃避赋役，大量民众进入寺观。官府对寺庙及其僧侣的管理自相矛盾。一方面，严控僧道入口，减少僧道额数；另一方面，一遇财政困

---

① （元）脱脱等撰：《宋史卷一百五十八·志第一百一十一·选举四铨法上》，中华书局 2000 年版，第 2483 页。

难就贩卖度牒。“凡赈荒兴役，动请度牒数十道济用，其价值钞一二百贯至三百贯不等。”尽管有人指出弊端，但能解燃眉之急，于是出现恶性循环。

元朝的户籍编制主要集中在军、民、匠中。其中军户可转为民籍，匠户也可转为民籍，包括了漏报户籍须更正为民籍人和虽为匠籍但无匠技之人。

明朝严禁擅自更改户籍类别。明朝初次登记户口时要求按照原籍登记。户籍变动中，多以军籍出逃居多。明朝的军士，须永役。据《明史·卷九十二·志第六十八·兵四》中记载：“盖终明世，于军籍最严。”[①]因社会地位较低，差役较苦，负担较重，军户逃亡破产者甚多。为脱逃军籍，不择手段，有人脱籍冒籍，兵员枯竭。为了国防安全，保证兵员数量，维持军籍整齐，在定立军户之初，实行清军、勾军的办法。即每年派遣承担清军任务的御史，按籍到各地清查军籍，勾逃补缺。而军户确实家中已无丁，可除军籍；逃军死亡的，可豁免；诈死、为僧道生员者、隐其丁口寄于别户并于外境立民籍者，俱按律治罪。

清朝的户籍类别中，同样存在出军籍入民籍的情况。清朝的军籍又称旗籍，原则上是世代沿袭不得变更。但在实际生活中，存在出旗为民的情况。一是满族八旗出旗为民，八旗中的罪犯被出为民籍。二是汉军八旗出旗为民。这主要是空出八旗员额，解决满族八旗生计问题的策略。清朝户籍类别的另一转化是将民族户籍编入中央正式户籍。清朝政府废除西南民族的土司制，改由中央政府委派官吏管理，将领户转化为国家编户，又称改土归流。中国西南的云南、贵州和四川等地

① （清）张廷玉等撰：《明史·卷九十二·志第六十八·兵四》，中华书局2000年版，第1509页。

区，是民族聚居区与汉族的混居区。苗族、壮族、白族和彝族等很早就在这一地区生活。元朝和明朝，在这一地区实行土司制。土司制是指土官和土司两种制度。土官是土知府、土知州、土知县，即按照汉族地区行政管理建制在民族地区建立，由民族领头人担任主要负责人。土司是宣慰司、宣抚司、安抚司等，由民族地区地方推选，中央追认的官制。土司制从形式上分析是“修其教不宜其俗，齐其政不易其宜”，从效果上分析达到了“以夷制夷”的目的，是对其进行的间接统治。但作为本身就是民族出身的清朝统治者，担心西南边陲的居民兴风作乱，间接统治称为其统治的重要隐患。而在被统治地区，由于土官相对独立，使民众苦不堪言。基于此，清朝从雍正开始，逐步施行“改土归流”。第一步，采取行政规划的方法，减少土司统治区域。将四川的乌蒙、东川和镇雄划归云南，实行流官管理。第二步，将土司官职转为流官管理。在云南、贵州、四川、广西和湖广地区，将土州、土府、土县以及宣慰司、安抚司和招讨司等主要官职改为非世系的流官，即由中央政府直接任命，达到直接管理的目的。第三步，将原土司管理下的民族人户，登记成国家正式编户。

第四章

中国古代社会治安人口信息的系统性应用

第一节 微观:通过编制保甲实现县以下基层人口信息应用

人口信息应用首先在县以下的基层得以完成。一方面,在基层搜集人口信息后马上应用,合格的信息走上传递、分析路径;不合格的信息立即被返回,需要重新搜集,再不合格再次被返回,直到合格为止,实现了信息搜集真实、准确和及时的目标。另一方面,人口信息最终要在基层落地实践。无论是国家层面的顶层设计,还是地方政府的聚力协同,都要在县以下的基层见到实效、达到目的,即让民众感受到真正的实惠。信息应用与民众实惠的结合点就在于人户编制保甲。

人户编制,是指将人口与户籍按一定形式编排规制。人口信息编制的源头可以上溯到原始社会。原始社会的氏族部落在一定意义上都是以血缘为纽带的人口编制。春秋战国时，随着生产力的发展，各诸侯国也有相应的人户编制办法。在秦统一后，随着治理版图的扩大，实行了中央集权的郡县制。而郡县制在广义上便是一种人户编制。郡县以下沿袭乡里制，之后的封建王朝，大多沿袭下来，形成各具特色的人户编制形式。尽管从广义上说，历朝的各级行政机关也是人户编制机关。但考虑具体执行是在乡村，以战国时形成的保甲为最小单位，这里着重对县以下基层的人户编制保甲进行论述。

一、编制保甲的历史演进

编制保甲可以上溯到《周礼》中记载的乡遂制。武王伐纣后，实行大分封，将周氏宗族进行划分，即在原有商朝土地上建立起几十个拥有军队、外交和税收等相对独立的国家。周朝天子管辖各诸侯国。诸侯国中，一般是由一个郡主主持日常事务，其成员多是被周朝征服者。这也就是形成了"国野制"，据《周礼·天官·叙官》中记载："惟王建国，辨方正位，体国经野"[①]。天子建立国都，确定国都的位置方向，主次有别地划分国都、郊野的界限，进行建设。周朝天子直接统治的地区称为国，国中设置六乡。周朝天子间接统治，即依靠周朝宗族直接统治地区称为野，野中设置六遂。国中之乡，每乡都有人口编制。据《周礼·地官·大司徒》中记载："令五家为比，使之相保。五比为闾，使之相受。四闾为族，使之相葬，五族为党，使之相救。五党为州，使之相赒。五州为乡，使之相宾。"[②]在六乡中，命令五家编成一比，使他们相互连保。五比编成一闾，使他们遇到事情可以互相托付。四闾编成一族，使他们有

---

① 徐正英、常佩雨译注：《周礼》（上），中华书局2018年版，第2页。

② 徐正英、常佩雨译注：《周礼》（上），中华书局2018年版，第227页。

了丧葬之事可以互相帮助。五族编成一党，使他们遇到灾祸时可以互相救助。五党编成一州，使他们遇到经济困难时可以互相接济。五州编成一乡，使他们以宾客之礼尊敬乡中的贤能之人。由此可知，乡的人口编制分为比、闾、族、党、州、乡。其中比有5家，闾有25家，族有100家，党有500家，州有2500家，乡有12500家。国中共有六乡，即7.5万家。其相互关系中分别是“保”“受”“葬”“救”“赒”“宾”。野中之遂，每遂也有人口编制。据《周礼·地官司徒第二·遂人/土均》中记载：“五家为邻，五邻为里，四里为酂，五酂为鄙，五鄙为县，五县为遂，皆有地域，沟树之，使各掌其政令刑禁，以岁时稽其人民，而授之田野，简其兵器，教之稼穑。”①五家为一邻，五邻为一里，四里为一酂，五酂为一鄙，五鄙为一县，五县为一遂，都有各自的地域，在其疆界上挖沟种树作为界限，各自的地方长官行使本辖区的政策、法令、刑罚和禁令，按照一年四季稽查核实辖区的人口，给授他们田地，简约他们的武器、车辇，教导他们种植庄稼。由此可知，遂的人口编制和其基本等级单位分别是邻、里、酂、鄙、县、遂。其中邻有5家，里有25家，酂有100家，鄙有500家，县有2500家，遂有12500家。野中共有六遂，即7.5万家。

春秋时期人口编制较为成功的是齐国。齐国实行“四民定居”和“三国五鄙”的人口编制。“四民定居”中的“四民”指从事士、农、工、商四种职业的民众。对其人口编制的办法是先将士、工、商安置在国中，将农安置在野中。然后要求四民恒业恒籍，世代相袭。“定居”是齐国编制人口的管仲，在齐国制国为二十一乡，其中工商乡六，士乡十五。“三国五鄙”中的“三国”是指国中除工、商外，士的人口编制与国防三军编制相一致，实现“作内政而寄军令”的目的。具体编制是：“五家为轨，

① 徐正英、常佩雨译注：《周礼》（上），中华书局2018年版，第329页。

轨为之长;十轨为里,里有司;四里为连,连为之长;十连为乡,乡有良人焉。以为军令:五家为轨,故五人为伍,轨长帅之;十轨为里,故五十人为小卒,里有司帅之;四里为连,故二百人为卒,连长帅之;十连为乡,故二千人为旅,乡良人帅之。五乡一帅,故万人为一军。”由此可知,国中士民户口编制与军队建制高度重合。因士乡有15个,3万人,每户出1人,即每军3万人,称为“三军”或“三国”。“五鄙”指野中所设的五属,野或称鄙,野中五属,即“五鄙”。三十家为邑,邑有司;十邑为卒,卒有卒帅;十卒为乡,乡有乡帅;三乡为县,县有县帅;十县为属,属有大夫。五属,共立五大夫,各使治一属焉。立五正,各使听一属焉。战国时期的秦国人口编制取得成效。秦国商鞅变法实行“令民为什伍”[①]。这里的“民”范围很广,甚至包括了士大夫。表明尽管士大夫人数少,但也要编伍,只是不同其他人户混编,单独编制而已。

秦朝统一至汉朝,对人口编制施行乡亭制,分为伍、什、里、亭、乡几个等级。五家为伍,十家为什,百家为里。乡与亭是同一级别的编制单位。乡的设置较为单一,除少部分设置在县城的都乡外,大部分乡设置在农村。亭一般设置在交通道路上,如驿传中的邮亭、城市中的街亭。还有设置在边关的戍亭,即亭燧。有作为一级行政机关的都亭、乡亭,也有作为派出机构的门亭、邮亭和渡口亭。魏晋南北朝时期出现“三长制”的人口编制。其背景是北魏时期地方宗族势力对劳动人口的占有已超出中央政府的控制。“三长制”可以使中央政府从地方宗主手中争取劳动人口。其内容如下:“五家立一邻长,五邻立一里长,五里立一党长,长取乡人强谨者。邻长复一夫,里长二,党长三。所复征戍,余若

① (汉)司马迁撰、(宋)裴骃集解、(唐)司马贞索隐、(唐)张守节正义:《史记·卷六十八·商君列传第八》,中华书局2000年版,第1765页。

民。三载亡愆则陟用，陟之一等。”①即邻有5户，里有25户，党有125户，负责人分别是邻长、里长和党长。三长之家有免除徭役的福利，有了工作业绩每三年可以晋升。

隋唐时期在恢复乡里制基础上形成里保制。隋朝恢复乡里制，据《隋书·食货志》中记载：“制人五家为保，保有长。保五为闾，闾四为族，皆有正。畿外置里正，比闾正，党长比族正，以相检察焉。”②即畿内户口编制为保、闾、族三级，畿外户口编制为里、党二级。唐朝初期重建编制，表明户口编制为邻、保、里、乡四级，其中邻有4户，保有20户，里有100户，乡为500户。杜甫有诗“我里百余家，世乱各东西。”

宋朝正式施行保甲制。熙宁三年（1070年）颁布《畿县保甲条例》，主要内容包括：凡十家为一保，选主户有材干心力者一人为保长；五十家为一大保，选主户最有心力及物力最高者一人为大保长；十大保为一都保，仍选主户最有行业、心力材勇者为众所伏，及物力最高者二人为都、副保正。

应主客户两丁以上，选一人为保丁；单丁、老幼、病患、女户等，不以多少，并令就近附保；两丁以上，更有余人身力少壮者，亦令附保，内材勇为众所伏，及物力最高考，充逐保丁。

保内如有人户逃移死绝，并令申县。如同保不及五户，听并入别保。其有外来人户入保居住者，亦申县收入保甲。本保内户足，且令附保收系，候及十户，即别为一保。由此可知保甲制的对象范围很广，既有主户、客户、老幼户和疾患户等一般户，又有冶户、船户和茶户等职业户。保甲制分为保、大保和都保三级。其中保有10家，大保有50家，都

① （北齐）魏收撰：《魏书卷一百一十·刑罚志七第十五》，中华书局2000年版，第1907页
② （唐）魏徵撰：《隋书卷二十四·志第十九·食货》，中华书局2000年版，第461页。

保有500家。保内不足5户时,并入别保;保内超过10户,另立一保。

元朝初年在全国农村推行“锄社制”。“县邑所属村疃,凡五十家立一社,择高年晓农事者一人为之长。增至百家者,别设长一员。不及五十家者,与近村合为一社。地远人稀,不能相合,各自为社者听。其合为社者,仍择数村之忠,立社长官司长以教督农民为事。”[①]在城市中也仿照乡村实行巷设。不论是乡村还是城市,元朝政府都仿照唐宋旧制,乡设里正,坊设坊正,负责治安治理的同时承担人口编制职责。

明朝实行里甲制。据《明史·卷七十七·志第五十三·食货一》中记载:“洪武十四年诏天下编赋役黄册,以一百十户为一里,推丁粮多者十户为长,余百户为十甲,甲凡十人。岁役里长一人,甲首一人,董一里一甲之事。先后以丁粮多寡为序,凡十年一周,曰排年。在城曰坊,近城曰厢,乡都曰里。”[②]里甲的编制是,甲有10户,由1户担任甲首,任期1年;里有110户,里长由人多粮多的10户轮流承担,任期也为1年。明朝政府每年要求1名甲首和1名里长承担徭役,10年一轮换,称为排年。城市和乡村均进行。里甲制施行的范围很广,不论是城市还是乡村,不论民户、铺户、僧道寺观一律编排。

清朝初年沿袭明制,实行保甲,具体在编排户口牌中,“世祖入关,有编制户口牌甲之令。其法,州县城乡十户立一牌长,十牌立一甲长,十甲立一保长。”[③]编排保甲在清朝达到高峰。在边远地区和少数民族聚居区,虽有调整,但编制保甲的基本原则始终未变。

---

① (明)宋濂等撰:《元史卷九十三·志第四十二·食货一农桑》,中华书局2000年版,第1563页。

② (清)张廷玉等撰:《明史·卷七十七·志第五十三·食货一》,中华书局2000年版,第1253页。

③ 赵尔巽等撰:《清史稿卷一百二十·志九十五食货一》,中华书局2021年版,第2494页。

二、编制保甲的人员组织

乡遂制中"乡"的人口编制按照比、闾、族、党、州、乡各有设置。"比"有5家,设比长1人,掌管本比内事务,据《周礼·地官·比长》中记载:"比长各掌其比之治。五家相受,相和亲,有罪奇邪,则相及。"要使五家相互衬托、和睦相亲,如果一家有犯罪或造谣惑众滋事,其他四家知情不报,就要连带受到惩罚。[①]"闾"有25家,设闾胥1人,掌管本闾内事务,统计闾内人数,维护闾内秩序。据《周礼·地官·闾胥》中记载:"闾胥各掌其闾之征令。"[②]"以岁时各数其闾之众寡,辨其施舍。凡事,掌其比、觵、挞、罚之事。"[③]每年四季按时统计本闾人数的多少,辨别清楚其中可以承担劳役和应当免除劳役者。凡是聚众行礼饮酒的事情,掌管对众人的监督、处罚失礼者或鞭挞失礼者。"族"有100家,设族师1人,掌管本族的戒令、政事。据《周礼·地官·族师》中记载:"五家为比,十家为联;五人为伍,十人为联;四闾为族,八闾为联:使之相保相受,刑罚庆赏相及相共,以受邦职,以役国事,以相葬埋。"[④]在家五家是一比,十家编为一联;在军五人是一伍,十人编为一联;在家四闾是一族,在军八闾所出之二卒编为一联:把居民这样编制,目的是要让他们相互连保相互托付,刑罚、喜庆、赏赐等的事情,祸福相连,相互共受共享,这样来承担王国的职事,以服役于国事,以相互帮助料理丧葬事宜。"党"有500家,设党正1人,掌管本党的行政、禁令、教化和治理。据《周礼·地官·党正》中记载:"及四时之孟月吉日,则属民而读邦法,以纠戒之春秋祭禜,亦如之。"[⑤]每逢四季的第一个月的初一,就要会聚本

① 徐正英、常佩雨译注:《周礼》(上),中华书局2018年版,第265页。

② 徐正英、常佩雨译注:《周礼》(上),中华书局2018年版,第263页。

③ 徐正英、常佩雨译注:《周礼》(上),中华书局2018年版,第264页。

④ 徐正英、常佩雨译注:《周礼》(上),中华书局2018年版,第262页。

⑤ 徐正英、常佩雨译注:《周礼》(上),中华书局2018年版,第258页。

党民众宣读国家法令，用以纠察、告诫民众。每逢仲春、仲秋举行禜祭时，也这样做。“州”有2500家，设州长1人，掌管本州的教育、治理、行政和禁令等法规。据《周礼·地官·州长》中记载：“三年大比，则大考州里，以赞乡大夫废兴。”①每逢三年大校比时，就对本州各级官吏、民众进行全面考核，以协助乡大夫做好对州里官吏的罢免或从民众中选拔贤者能者的工作。“乡”有12500家，设乡大夫1人，掌管本乡的政教、禁令。据《周礼·地官·乡大夫》中记载：“国大询于众庶，则各率其乡之众寡而致于朝。国有大故，则令民各守其闾，以待政令。以旌节辅令，则达之。”②遇到国家有大事要征询广大百姓的意见，就各自率领本乡民众来到王宫的外朝。如果国家发生重大变故，就命令百姓以闾为单位各自聚守在闾门，以等待命令。在此情况下，需要稽查来往行人，如有用旌节帮助说明是来奉命而行的，方才准予通行。乡遂制中“遂”的人口编制人员按照邻、里、酂、县和遂各有设置。“邻”有5家，设邻长1人，掌管本邻五家居民相互纠察、相互托付，即“邻长掌相纠相受。”③协助执行里中政令“凡邑中之政相赞。”④如果邻中有住户要迁徙到其他邑里，就跟随迁出者把他交付给迁入地的官吏。即“徙于他邑，则从而授之。”⑤“里”有25家，设里宰1人，掌管每年按时清查统计本里人口的多少，以及六畜、武器和器械，掌管治理本里，即“里宰掌比其邑之众寡，与其六畜、兵器，治其政令。”⑥“酂”有100家，设酂长1人，掌管本酂政令，每年按季统计登记本酂人口，清查数目，治理丧事祭祀等事物，即

① 徐正英、常佩雨译注：《周礼》（上），中华书局2018年版，第257页。
② 徐正英、常佩雨译注：《周礼》（上），中华书局2018年版，第254页。
③ 徐正英、常佩雨译注：《周礼》（上），中华书局2018年版，第342页。
④ 徐正英、常佩雨译注：《周礼》（上），中华书局2018年版，第343页。
⑤ 徐正英 常佩雨 译注：《周礼》（上），中华书局2018年版，第343页。
⑥ 徐正英、常佩雨译注：《周礼》（上），中华书局2018年版，第341页。

“酂长各掌其酂之政令,以时校登其夫家,比其众寡,以治其丧纪、祭祀之事。”[①]“鄙”有500家,设鄙师1人,按季节调查统计鄙中的民众人数,察访他们表现的好坏而给与赏罚,即“以时数其众庶,而察其媺而诛赏。”[②]“县”有2500家,设县正1人,掌管本县政令、征调劳役和考核等事务,即“县正各掌其县之政令、征、比,以颁田里,以分职事。掌其治讼,趋其稼事,而赏罚之。”[③]“遂”有12500家,设遂大夫1人,掌管本遂政令,按照一年四季稽查本遂男女人口等事务,即“遂大夫各掌其遂之政令,以岁时稽其夫家之众寡、六畜、田野,辨其可任者与其可施舍者,以教稼穑,以稽功事,掌其政令、戒禁,听其治讼。”[④]

秦汉时期人口编制中“乡”的负责人主要有:三老、啬夫、乡佐和游徼等。三老是乡的主要负责人,一般由年长德高者担任。据《汉书》中记载:“举民年五十以上,有修行,能率众为善,置以为三老,乡一人。择乡三老一人为县三老,与县令、丞、尉以事相教,复勿徭戍。”[⑤]其主要职责是劝民行善、教化百姓和排解纠纷。“大率十里一亭,亭有长。十亭一乡,乡有三老,有秩、啬夫、游徼。三老掌教化。啬夫职听讼,收赋税。游徼循禁贼盗。”[⑥]啬夫主要承担乡中的行政司法工作。游徼是专职治安治理。乡佐主要负责收取赋税。乡中负责编制的人员,啬夫是主要负责人,游徼和乡佐作为辅助。啬夫权力较大。

秦汉时期人口编制中“亭”的负责人主要有:亭长、啬夫和亭佐等。

---

① 徐正英、常佩雨译注:《周礼》(上),中华书局2018年版,第340页。

② 徐正英、常佩雨译注:《周礼》(上),中华书局2018年版,第339页。

③ 徐正英、常佩雨译注:《周礼》(上),中华书局2018年版,第338页。

④ 徐正英、常佩雨译注:《周礼》(上),中华书局2018年版,第336页。

⑤ (汉)班固撰、(唐)颜师古注:《汉书卷一上·高帝纪第一上》,中华书局2000年版,第24页。

⑥ (汉)班固撰、(唐)颜师古注:《汉书》,中华书局2000年版,第624页。

亭长的主要职责是治安治理、追捕贼盗和裁决诉讼等。“亭有亭长,以禁盗贼。本注曰:亭长,主求捕盗贼,承望都尉。”[①]啬夫治理商业、手工业及其他事物。亭佐,即辅佐亭长。秦汉编制人口在乡亭以下有伍、什、里,各有专人负责。“里有里魁,民有什伍,善恶以告。本注曰:里魁掌一里百家。什主十家,伍主五家,以相检察。民有善事恶事,以告监官。”[②]里魁,也称里典、里正,同伍老、什长一样,负责辖区民众行为的监督和善恶事情的报告。如果辖区内有人犯罪,里典、伍老和什长都要承担连带责任。

隋朝在人口编制中设置保、里、族三级治理机构。唐朝扩大到邻、保、里、乡四级机构。邻有4户,一般不设长;保有20户,设保长1人;里有100户,设里正1人(在城市街坊,设坊正1人;在郊外乡村,设村正1人);乡有500户,设乡长、乡佐2人。里较为重要,乡则有名无实,而保的规模更小。对里保各级人员的治理,中央政府非常重视,由尚书省任命里的负责人,对里这一级负责人,不仅要由县司挑选,而且要求其为白丁、强干之人。隋唐里保人员的职责主要有四项:第一是登记人口。唐朝规定:“里正之任,掌按比户口,收手实,造籍书”。第二是评定户等。由县令和里的负责人一起,按照“输籍定养”的标准,调查核实,进行户等评定。第三是收受田赋及劝课农桑。杜甫有诗“去时里正与裹头,归来头白还戍边”,描绘了里正送别与接受戍边之人的情形。第四是纠非禁奸。对于保甲内出现的奸非事件,里正要负连带责任。

宋朝编制保甲的人员主要由里正、书手、耆长、壮丁、保正和保长

① (宋)范晔撰、(唐)李贤等注:《后汉书志第二十八·百官五》,中华书局2000年版,第2475页。

② (宋)范晔撰、(唐)李贤等注:《后汉书志第二十八·百官五》,中华书局2000年版,第2475页。

等。里正是督促赋税,参与推排户口、编造五等丁产簿。书手在里正之下,属于本乡差役,协助征讨赋税、编造簿册。耆老负责社会治安、诉讼审案和推排户口。壮丁在耆老之下,负责抓捕贼盗,属于地方治安力量。保正有正副之分,一般每500家为一都保,设保正1人,副保正1人,负责维护社会治安。大保长设置在每50户,保长设置在每10户中,都主要负责维护社会治安。宋朝保甲组织人员,是役不是官,称为一种负担而需轮流担任。承担在职责多是督促赋役,抓捕贼盗。若有闪失,则会受到连坐处罚。

元朝的保甲编在农村村社制与乡都制混合模式。在村社制中,50家为一社,设社长1人。社长的主要职责是劝人耕种,协助官府调查户口、催讨赋役。在乡都制中,乡设里正;500户为一都,都设主管。里正、主管由各户轮流担任,或雇佣充当。在城市中,隅设隅正,坊设坊正,由人户轮流充当,主要职责也是催讨赋税。实际中社长、里正、隅正等,已经不是官吏,会被摊派其他差役,称为苦差,逃避者多,少有人担任。

明朝人口编排保甲在继承前朝基础上又有发展。保甲编制的负责人是里长。一般110户为一里,推选丁粮多者10人为里长。每年由里长带领10甲长承担差役,称为"当年";每十年进行轮换,称为排年里长。里长的职责主要有:轮年应役,催讨赋税和承担祭祀营造等其他差事。保甲的重要成员是里老。据《明史·卷七十七·志第五十三·食货一》中记载:"里设老人,选年高为众所服者,导民善,平乡里争讼。"①不经里老审判的案件不得上报县里,否则视为"越讼",属程序违法。可见里老职责的重要。但在实际中,地方官吏往往不依法办事,所用非

---

① (清)张廷玉等撰:《明史·卷七十七·志第五十三·食货一》,中华书局2000年版,第1254页。

人。保甲中的最小单位是甲，十户为一甲，每年推选 1 人为甲长，又称甲首。甲长协助里长和里老工作，负责督促赋税、调查人口和推排人户，同时承担里长带领的差役。保甲在城市设坊长、厢长。城内曰坊，城郊曰厢。坊与厢都编排保甲，其职责与里正相似。

清朝的保甲编制由牌、甲和保三级组成。保甲最小单位是牌，十户为一牌，设牌头 1 人，也称牌长。选拔牌长要求品德高尚、有文化和已成家立业。每三年由牌内人户推选牌长轮流担任。牌长的主要职责是掌握本牌内人口户籍情况。牌长每年给每户发放印牌，令每户在印牌中填写家中人口情况。如有变化，随时更新。尤其对于人口的往来、生死、迁徙等事项，要随时报告。对于牌内发生的贼盗之事，要随时关注；发现贼盗之人，要抓捕上交。如果未及时报告，牌长要承担连坐责任。除此之外，牌长要承担征讨赋税的任务。保甲中间组织是甲，一般十牌为一甲，设甲长 1 人，三年一更换。甲长主要负责维护治安工作。“凡甲内有盗窃、邪教、赌博、赌具、窝逃、奸拐、私铸、私销、私盐、踩曲、贩卖硝磺，并私立名色敛财聚会等事，及面生可疑之徒，责令专司查报。户口迁徙登耗，随时报明，门牌内改换填给。”①保甲的负责人是保长。十甲为一保，设保长 1 人，也称保正。每年由保内人户推选一人承担。保长的主要职责是督促本保内的甲长、牌长工作，调查人口、察纠非违和征讨赋税等。对于保内发生的治安案件有连带责任。

三、编制保甲的作用效能

作为编制保甲的源头乡遂制，对人口编制起到重要作用。第一是

---

① 赵尔巽等撰：《清史稿卷一百二十 · 志九十五食货一》，中华书局 2021 年版，第 2494 页。

控制人口。包括了对人口的调查;人口身份、健康情况及对应的赋役;人口所属的牲畜、财产等情况;对符合迁徙人员出具证明,限制自由流动等。第二是相互帮助、相互担责。一家有难,众家帮助;一家有犯,邻佑连坐。第三是层层监督,完成徭役、兵役等赋税。第四是化解纠纷,惩恶扬善。维护社会秩序,保证公共安全。

与乡遂制一脉相承的是"四民分居"和"三国伍鄙"。四民分居,即便于治理,又可防止人口自由流动,导致子孙恒业,保证和促进了经济发展。军政合一以适应军事战争的需求,不仅有利于平时的军事训练,而且实现民众的相互了解加深情感,实现同心勠力出征作战。而五鄙则是将国野中的土地按好坏征收赋税,安定野中之人,客观上不使其迁徙,从而稳定本国人口。管仲认为,夫善牧者非以城郭也,辅之以什,司之以伍。伍无非其里,什无非其家。故奔亡者无所匿,迁徙者无所容。不求而得,不召而来。故人无流亡之意,吏无备追之忧。故主政可行于人,人心可系于主。

编排保甲的什伍制在战国时期的秦国发挥了重要作用。第一是寓兵于民,能征善战。秦国的什伍制,打破了"国""野"的限制,实现"全民皆兵"的户口编制,达到或超越了管仲的设计目标。第二是有犯连坐,防贼告奸。商鞅变法规定,"令民为什伍,而相牧司连坐。不告奸者腰斩,告奸者与斩敌首同赏,匿奸者与降敌同罚。"①第三是控制人口自由流动。战国时期的富国主要依靠耕种,耕种的基础是人口固定在土地上。一方面促进民众农业耕种,另一方面限制民众离开土地。秦国的旅店客舍实行严格的查验制度。如果店家接受无证明的旅客,一经

① (汉)司马迁撰、(宋)裴骃集解、(唐)司马贞索隐、(唐)张守节正义:《史记·卷六十八·商君列传第八》,中华书局2000年版,第1765页。

发现，店家要连坐受罚。据《史记·卷六十八·商君列传第八》中记载："商君亡至关下，欲舍客舍。客人不知其是商君也，曰：'商君之法，舍人无验者坐之。'商君喟然叹曰：'嗟乎，为法之敝一至此哉'！"[①]商鞅自己制定的法令也限制了自己，这从侧面反映了法令实施的严格。

秦汉时期实行的街亭制意在加强中央集权的统治。具体表现为：第一，登记人口，限制民众自由通行。秦汉时期的户口搜集主要依靠乡亭完成。乡亭在上报户口外，还承担稽查过往行人的职责。过往人员若无证件不得通行。"大司空士夜过奉常亭。亭长苛之。告以官名，亭长醉曰：'宁有符传邪？'士以马棰击亭长，亭长斩士，亡，郡县逐之。家上书。莽曰：'亭长奉公，勿逐'。"[②]第二，宣传教化，改良社会风气。"凡有孝子顺孙，贞女义妇，让财救患，及学士为民法式者，皆扁表其门，以兴善行。"[③]第三，维护社会治安。与什伍连坐一脉相承。"莽以私铸钱死，及非沮宝货投四裔，犯法者多，不可胜行，乃更轻其法：私铸作泉布者，与妻子没入为官奴婢；吏及比伍，知而不举告，与同罪；非沮宝货，民罚作一岁，吏免官。"[④]第四，征收赋役。汉朝的田赋、口赋和算赋等，都经过乡亭征收。征收前，乡亭会先调查户口情况，以此为据进行摊派；征收时，乡亭要进行督促，不得延迟。亭长还承担治理徭役的职能。

---

① （汉）司马迁撰、（宋）裴骃集解、（唐）司马贞索隐、（唐）张守节正义：《史记·卷六十八·商君列传第八》，中华书局2000年版，第1769页。

② （汉）班固撰、（唐）颜师古注：《汉书卷九十九中·王莽传第六十九中》，中华书局2000年版，第3035页。

③ （宋）范晔撰、（唐）李贤等注：《后汉书志第二十八·百官五》，中华书局2000年版，第2474页。

④ （汉）班固撰、（唐）颜师古注：《汉书卷二十四下·食货志第四下》，中华书局2000年版，第989页。

“高祖以亭长为县送徒骊山，徒多道亡。”[①]除此之外，亭长还承担传递文书的邮政作用，以及供过往人员住宿餐饮的需求。

魏晋南北朝时期实行的“三长制”，首要作用仍是登记户口，防止遗漏。在编造户口上，采取检括人口，减少了遗漏、隐匿的现象。三长制还保障均田制的运行。均田制的前提是中央政府掌握户口，这也是三长制的用意。均田制的落实与检查需要基层治理组织，这也有赖于三长制的职责。除此之外，三长制有承担催缴赋税、征发徭役、推行均田以及裁决诉讼、抓捕逃犯和相互救助等作用。

隋唐时期中央集权进一步加强，社会相对稳定，战乱较少。与之相适应，前朝编制保甲中军事作用和教化作用逐渐淡化，控制人口、征讨赋税和维护社会治安等作用逐渐加强。编制保甲人员的社会地位也随之变化。前朝乡亭人员的社会地位较高、权力较大，但到了唐朝将乡长废除。里保中负责人社会地位的下降，民众不愿担任里正、坊正，不得不采取轮流充当的办法。此时的里保负责人已经不是官吏，而是差役，以至于无人承担。

宋朝时期战争不断，保甲的强军作用又一次凸显。北宋王安石认为，之前实行的募兵制，士兵多是“无赖奸猾之人”，不足以成为国家栋梁，同时花费巨大造成财政困难。因此，他在重提前朝兵民合一制度，重建“什伍其民”，使保甲组织军事化，为抵御外敌入侵确实起到了一定的作用。面对边境的军事压力，宋朝政府逐渐加大对内地的治安防范。落实在保甲中是保内保丁巡察，发现贼盗要及时捕获；保内有人违法犯罪，要及时报告，否则实行连坐；保内发现身份不明人员，要及时抓捕送

---

① （汉）司马迁撰、（宋）裴骃集解、（唐）司马贞索隐、（唐）张守节正义：《史记·卷八·高祖本纪第八》，中华书局2000年版，第245页。

官,否则连坐;保内牌书登记本户人口情况,以便查验。尤其是在冶户、船户和盐户等职业户中也严格执行。直到南宋灭亡前,保甲制一直实行,侧面地使宋朝时期内地没有发生大规模的农民起义。保甲制的主要内容仍是控制人口。宋朝初期设立保甲即规定每保置牌,登记保内户口情况,以便查验,防止遗漏。在定期的户口登记中,保甲组织起了主要作用。对于诡名户、冒户,保甲组织可以及时发现制止。在查验家赀、推排户口时,保甲组织起到重要作用。在地方官吏推行保甲时,还要求力役相助,患难相恤,互通有无,如遇意外,即相救援。

元朝时期保甲都社制度有调查户口、推排户、催征赋役等与前朝类似的作用,除此之外还表现在:一是劝课农桑,使民知本;二是兴办学校,纯化乡风;三是维护治安,纠斥凶顽;四是互通有无,患难相助。

明朝时期的保甲在继承前朝人口编制基础上侧重征讨徭役。明朝的黄册,既是赋役册,也是户口册。黄册的编造,既是编排里甲,又由里甲进行编造。保甲中的里老、书手都要亲自验户田亩,按实上报,评定户等是否真实、有效、及时,他们的责任较大。在征讨徭役中,保甲编排本身即是按照均役制定。保甲中的里长、甲首本身就是役名,里甲法本身就是差役法。在均平徭役的同时,保甲中的里长、甲首还督促赋役。如有拖欠要受处罚。除此之外,明朝保甲还承担维护治安,纯化风俗的作用。

清朝保甲重在户口调查与强化治安。清朝初期的户口调查,重在编审人丁,由保甲负责申报。“凡造册,人户各登其丁口之数授之甲长,甲长授之坊、厢、里长,坊、厢、里长上之州县,州县合而上之府,府别造总册上之布政司。”强化治安主要针对清朝入关之后不断爆发的农民起义。地方官吏对保甲组织层层加码,采取高压统治,确实起到“息盗减诉”的效果,但也增加了民众的反抗心理。

第二节　中观:通过限制迁徙完成省、市、县地方人口信息应用

一、常态化限制自由迁徙

西周时期,政府开始进行人口的限制迁徙,想方设法将人口固定在土地上耕作,终身不变从事一项职业,禁止自由流动。据《周礼·地官·载师》中记载:"凡宅不毛者,有里布;凡田不耕者,出屋粟;凡民无职事者,出夫、家之征"①。凡是宅地旁边不种植桑麻的,要按其宅地面积处以罚款;凡是让田地荒芜不耕种的,根据所荒废田地亩数罚出屋粟;凡是民众无职业而又无所事事的,就要处罚他交纳夫税、家税。

春秋战国时期,随着生产工具和生产技术的进步,农业生产成为社会主要的生产部门,达到治国之本的重要地位。于是形成了安土重迁、重农抑商的思想。民农则重,重责少私义,少私义则公法立,力专一。民农则其产厚,齐产厚则重徙,重徙则死其处而无二虑。民舍本而事末则不令,不令则不可以守,不可以战。民舍本而事末,则其产约。其产约则轻迁徙。轻迁徙,则国家有患,皆有远志,无有居心。把能否使民众从事农业、固定在土地上,提高到国家安全的角度来看待。

秦汉时期进一步发展了尚农重迁思想。班固把其总结为"理民之道,地著为本",即治理国家的根本是把人口牢牢地固定在土地上。所以秦汉时期施行更为严格的人口迁徙政策。战国时期,四民分居恒业的思想和实践已经出现。秦汉时,进一步发展为"禁民二业",即社会各

---

① 徐正英、常佩雨译注:《周礼》(上),中华书局2018年版,第282页。

个行业的民众，只能从事一种行业，不能从事第二种行业，并且不能兼业、不能改业。做官不许经商，不能“与下民争利”；商人不许做官；农民不许经商。不仅四民之间不能互通，各行业内部也不许兼业。其主旨是推动民众回归农业，进行“作壹”，即进行农业耕种。朝廷认为不许民众自由迁徙，那些愚昧无知而又不安心于农业的人就没有饭吃，从而一定会去务农。愚昧、贪婪的人专心务农，农民就必然安静。农民安静而愚昧，荒地自然就被开垦了。

汉朝初期，面对秦末战乱，民众多逃亡到山林湖泽，于是汉高祖下诏，接纳其归田。“诏曰：‘诸侯在关中者，复之十二岁，其归着半之。民前或相聚保山泽，不书名数，今天下已定，令各归其县，复故爵田宅，吏以文法教训辩告，勿笞辱。’”①只要归来务农，就恢复原有的爵位和田地，官吏还会善待。秦汉时期在“禁民二业”的同时，还以其他手段限制人口迁移。在秦朝，一方面强迫战败国民众迁徙到秦国，还不得离开。另一方面不允许本国民众离开秦国。有人帮助秦人出境，要除掉名籍，爵位在上造以上的处以鬼薪，爵位在公士以下的处以城旦的刑罚。汉朝的户口迁徙更加严格，秦时的“七科谪”中“闾左”到汉朝变为“亡命”，已经呈现出对罪犯的称谓。不仅对游荡之人，而且对其留宿者，一律处罚，实行“舍匿②法”。“亡之诸侯，游宦事人，及舍匿书，论皆有法。”③

尽管秦汉时期施行严格的人口限制迁徙政策，但在整个社会大环境中，出现了一批被原来阶级抛弃的人，形成特殊的社会阶层。他们

① （汉）班固撰、（唐）颜师古注：《汉书卷一下·高帝纪第一下》，中华书局 2000 年版，第 40 页。

② 舍匿，是指容止而藏隐。

③ （汉）班固撰、（唐）颜师古注：《汉书卷四十四·淮南衡山济北王传第十四》，中华书局 2000 年版，第 1648 页。

难以回到原有阶层,又不甘心落到社会角落,组成“游侠”。游侠这一类人造成严重的社会问题。游侠串通旧势力进行分裂活动,给西汉政权造成严重威胁。在史书编纂体例中,《史记》《汉书》都有《游侠传》。

隋唐两朝沿袭秦汉制度,严格限制人口自由迁徙。静态地严格落实四民恒业制度,动态地实行关卡符传制度。四民各守本业,不得擅徙。对于士、农、工、商四民,要各守本职,不得改业兼业,尤其是工商者不能做官,入仕者不能兼工、商。已达到天下之人囿于本业,固定在各自工作岗位,重点是农民,要守土不迁,以便于统治。

隋唐时期的关卡符传制度表现为,严格公验、过所制,从而限制人口自由流动。隋文帝开皇十八年(598 年)下敕:“庚寅,敕舍客无公验者,坐及刺史、县令。”①由此可知,当时已实行公验。公验的范围比较广泛,授官授勋、置办田产、出租田地和访捉逃兵等都需官府下发凭证,即“公验”。公验的主要形式是路证。过所也是公验的一种,是过往行人必须所持的通行证。唐朝的过所与公验互称且并行使用。过所与公验都有严格的审批手续,一般来说,须先由申请人具牒说明外出原因、人数、身份、奴婢、牲畜数量及毛色等,然后由本人所属官府审查,向府州呈牒请给,再由主管机关调查复核,最后勘给。所发的过所、公验,皆具有申请者的身份、姓名、年龄、所去何方、随员身份、所带牲畜等,官吏签署、官府印鉴。过所与公验的审查虽都在县司,但是审批权限在府州。迁徙、外出人员所持过所、公验经州过府,关津要道守卫官吏都要仔细勘验,并将勘验情况批注于后。

清朝施行更为严格的限制人口自由迁徙政策。较之前朝,清朝的

---

① (唐)魏徵撰:《隋书卷二·帝纪第二·高祖下》,中华书局 2000 年版,第 30 页。

大规模人口迁徙较少，而人口逃流问题较多，演变的反抗政府的事件不断增加。清朝政府采取了一系列手段进行人口控制。首先，大面积地实行保甲法，严格限制人口外出，严格盘查各种流动人口，在客店、寺庙、关津等处，查验、登记过往留宿之人，发现可疑便扣押上报。“凡民人出入关口，由原籍州县给印票验明放行。所有放过票张，造册报部。”[①]其次，对于旗人，也限制外出，并实行“印票”制。嘉庆元年（1796年）下诏，八旗兵丁及拜唐阿闲散人等，如有告假前往各省以及口外者，俱令禀明各该管官系何事、前往何处，及告假限期，详晰声明存档，给领印票，回日缴销。倘有告假逾期不回，及回而不交纳原领印票，或不领印票私行前往，及领有印票私往别处者，俱照例分别惩治。最后是采取措施，肃卫京师。顺治十六年（1659 年）下诏，凡无籍棍徒，游手好闲之人，不许容留京城。令八旗都统五城御史严饬各该管官，逐户挨查，驱逐回籍。有违法者，该管官即拏送部严审定罪。如或徇情容隐，被人拿首，即将该管都统以下拔什库以上，分别议处。

迁徙有着固定的程序。乡、遂民众，如果确有生活不便需要迁徙的，根据迁徙距离的远近进行审批。获批后办理手续方可迁徙。否则，擅自迁徙是违法行为，要受到惩罚。据《周礼 · 地官 · 比长》中记载：“徙于国中及郊，则从而授之。若徙于他，则为之旌节而行之。若无授无节，则唯圜土内之。”[②]讲的是，如果比内居民迁徙到都城中或郊里，比长就要随从迁移者一同前往，亲自把他们交给当地的官吏。如果迁徙到郊以外其他地方，不仅需要比长亲自护送，还要给授他们符节作为通行凭证。如果迁徙者没有比长亲自护送或没有符节，那么遇到检查就

① 赵尔巽等撰：《清史稿卷一百二十 · 志九十五食货一》，中华书局 2021 年版，第 2497 页。

② 徐正英、常佩雨译注：《周礼》（上），中华书局 2018 年版，第 265 页。

会被投进圜土(监狱)中去了。据《十三经注疏》中记载:“古者三年大比,民或于是徙,谓不便其居,则徙于他。”

“授”和“节”发展到战国形成了符传。《墨子·号令》记载:“诸城门若亭,谨候视往来行者符。符传疑,若无符,皆诣县廷言,请问其所使。其有符传者,善舍官府。其有知识、兄弟欲见之,为召,勿令入里巷中……吏卒民无符节,而擅入里巷官府,吏、三老、守闾者失苛止,皆断。”“传”是指经手的文书。其形状“凡传皆以木为之,长五寸。书符信于上,又以一板封之,皆封以御史印章,所以为信也。”凡行人路过城市街亭,都要出具官府所发的“符传”。如果“符传”存在问题或根本没有,则不能经过城亭。私自放行的官员要受到惩罚。齐国的孟尝君入秦之后,被秦昭王羁押。在“鸡鸣狗盗”之徒的帮助下,逃出秦国,在出关之时“孟尝君得出,即驰去,更封传,变名姓以出关。”①“更”即改的意思。改前封传而易其姓名,不说是孟尝君本名。“封传”指驿券。由此可见,诸侯国对出入国边境的人都要进行严格的证件检查。证件存疑或没有证件的,不得通过。

秦汉的人口迁徙要有严格的程序。首先,要向乡、亭啬夫提出申请,乡、亭啬夫根据申请的理由和表现出具相关证明,重点注明有无违法前科,报县司,县司在决定是否批准。如果确实符合迁徙条件,官吏有意阻止,则要受到处罚。此时的迁徙,带有预防和惩治犯罪的作用。

在迁徙之人通过关卡时,都要接受严格的检查。若无官府的符传,则不能通过。游士居住而无凭证,所在的县被罚一甲;如果居住满一年

① (汉)司马迁撰、(宋)裴骃集解、(唐)司马贞索隐、(唐)张守节正义:《史记·卷七十五·孟尝君列传第十五》,中华书局2000年版,第1847页。

还要追加诛责。汉朝的关津一般设置关卡,严格检查过往行人的符传。百姓迁徙、外出时,均要携带符传。关津要按照身份、事由、出入时间分别对过往行人进行登记。登记的簿册一式两份,一份上报称为“致籍”,另一份留存称为“副卷”。

二、行政治理主动迁徙

(一)出于政治防范的人口迁徙

周朝在灭商的过程中,不断将征服的异族人口迁徙到便于控制的地区。实行的分封制,实质上是人口的定向迁徙。“国野制度”,是将被征服的异族人口迁徙到“野”中,便于监视控制。周成王在今洛阳建设“成周”带有政治奴役的色彩。春秋战国时期,诸侯国战争不断。强国扩大版图增加人口,弱国保存疆土保持人口。战胜国强制迁徙战败国,战败国被迫迁徙人口以延续统治。在夏天,盟、向两邑向郑国求和,不久背叛。到了秋天,郑、齐、卫三国进攻盟、向两邑。周王便把盟、邑的民众迁到郑国。这是在强国军事压力下,周王被迫进行的人口迁徙,已保存实力。

秦朝形成了中国历史上第一个中央集权的统一帝国,为了巩固中央集权的统治,统治者意图严禁人口流动、使民地著,进而削弱地方豪强的势力。一是实行“驱虎离山”,即将可能犯上作乱的人迁徙到陌生地区,使其丧失发展的根基。在秦统一诸侯国的战争中,这类迁徙非常频繁。出现“车裂以徇,灭其宗。及其舍人,轻者为鬼薪。及夺爵迁蜀四千馀家,家房陵。"[①]这类迁徙的政治目的较为突出。以政治原因进行迁徙,但被迁徙者往往是富者、强者,而被迁之地往往地理偏远、经济贫困,这就造成被迁者为当地经济、文化的繁荣起到巨大作用。促进了落后地区的快速发展。二是实行了"徙民实都",即将关外之民迁徙到关内,保证中央政府有足够的力量控制边境地区,并监视从关外迁入群体的言行。秦始皇统一之初,就"徙天下豪富于咸阳十二万户"。[②] 汉随秦制。高祖九年(前 198 年)下令:"十一月,徙齐楚大族昭氏、屈氏、景氏、怀氏、田氏五姓关中,与利田宅。"[③]随着关中人口的增加,土地得到大量开垦,徙民实都逐渐停止。"徙民实都"的本质是一种"徙民就宽",解决人口与土地的匹配问题。汉朝初期,经历楚汉战争的关中长安一带人口锐减,西汉实行"无为而治"的政策,发展生产,人口快速增加,甚至出现了人稠地狭的情况。景帝元年(前 156 年)下诏:"间者岁比不登,民多乏食,夭绝天年,朕甚痛之。郡国或硗陋,无所农桑毄畜;或地饶广,荐草莽,水泉利,而不得徙。其议民欲宽大地者,听之。"[④]这是较早的关于徙狭就宽的诏令。

与"徙民实都"相对应,秦汉时期还实行"徙民实边",即将关中的人口迁往边地。二者的方向不同,但是目标是一致的,巩固中央集权统治。"徙民实边"的"民"主要有两种:一是罪犯;二是募民。罪犯及其不轨之人迁往边地,有充军发配戍边的意思。商鞅变法之初,有人反对,

---

① (汉)司马迁撰、(宋)裴骃集解、(唐)司马贞索隐、(唐)张守节正义:《史记 · 卷六 · 秦始皇本纪第六》,中华书局 2000 年版,第 162 页。

② (汉)司马迁撰、(宋)裴骃集解、(唐)司马贞索隐、(唐)张守节正义:《史记 · 卷六 · 秦始皇本纪第六》,中华书局 2000 年版,第 170 页。

③ (汉)班固撰、(唐)颜师古注:《汉书卷一下 · 高帝纪第一下》,中华书局 2000 年版,第 49 页。

④ (汉)班固撰、(唐)颜师古注:《汉书卷五 · 文帝纪第五》,中华书局 2000 年版,第 100 页。

"秦民初言令不便者有来言令便者,卫鞅曰:'此皆乱化之民也',尽迁之于边城。"[①]汉朝沿袭这一做法。元狩五年(前118年)"徙天下奸猾吏民于边";天汉元年(前100年),"秋,闭城门大搜。发谪戍屯五原"[②]募民是汉朝晁错的建议,武帝元朔二年(前127年),"夏,募民徙朔方十万口。又徙郡国豪杰及赀三百万以上于茂陵。"[③]所募之民,安置和待遇较为优厚。晁错建议在迁徙之前先修好房屋,再按照罪、奴、民的顺序到此戍边。不论何种身份,都配给粮食衣物,还可以赐爵,无夫或无妻者,政府负责配给。

魏、蜀、吴三国时期,各国都把增加人口、扩张土地作为主要目标。曹魏建都洛阳,欲徙冀州十万户籍到河南,后因蝗灾,仍移五万户到洛阳。据《三国志·辛毗传》中记载:"帝欲徙冀州士家十万户实河南。时连蝗民饥,群司以为不可,而帝意甚盛……帝遂徙其半。"[④]蜀汉诸葛亮在箕谷之战后,拔西县千余户而还汉中。据《三国志·蜀书·诸葛亮传》中记载:"亮拔西县千馀家,还于汉中,戮谡以谢众。"[⑤]。姜维出陇西,拔河道、河间、临洮三县之民,居于繁县。据《三国志·蜀书·后主传》中记载:"夏六月,维复率众出陇西。冬,拔狄道、河关、临洮三县民,

① (汉)司马迁撰、(宋)裴骃集解、(唐)司马贞索隐、(唐)张守节正义:《史记·卷六十八·商君列传第八》,中华书局2000年版,第1766页。

② (汉)班固撰、(唐)颜师古注:《汉书卷六·武帝纪第六》,中华书局2000年版,第144页。

③ (汉)班固撰、(唐)颜师古注:《汉书卷六·武帝纪第六》,中华书局2000年版,第121页。

④ (晋)陈寿撰、(宋)裴松之注:《三国志·魏书·辛毗传》,中华书局2000年版,第520页。

⑤ (晋)陈寿撰、(宋)裴松之注:《三国志·蜀书·诸葛亮传》,中华书局2000年版,第685页。

居于绵竹、繁县。"[①]东吴孙策破皖城后，获得袁术百工及鼓吹部曲三万余人，统统徙入东吴。[②] 孙权征讨一地便占有人口。据《三国志·吴书·吴主传》中记载："十二年，西征黄祖，虏其人民而还。"[③]；"闰月，克之，获庐江太守朱光及参军董和，男女数万口。"[④]这种人口迁徙带有强烈的军事色彩，即战胜方对战败方的强行迁徙，而且还将人口迁徙到离战胜国统治中心较近的区域，是一种徙远就近。进而发展到徙民实都。据《三国志·魏书·张既传》中记载："鲁降，既说太祖拔汉中民数万户以实长安及三辅。"[⑤]曹魏破张鲁后，将汉中数万民户徙入首都，以实三辅。

隋朝时期，据《隋书·食货志》中记载："徙洛州郭内人及天下诸州富贵大贾数万家，以实之。"[⑥]唐朝实行以"徙民实都"为主、"徙内实外"为辅的"实近虚远"的人口迁移。所谓"实近虚远"是指将边境的人口迁徙到京畿地区，进行人口监视防止武装叛乱，消除"尾大不掉"隐患。"徙民实都"沿袭前朝做法。唐朝时期"秋七月，徙关内雍、同等七州户数十万以实洛阳。"[⑦]辅助徙民的是徙民实内，即将迁入地由京畿进行扩大内地。隋唐时期战乱不断，在外流动漂泊的数量较大，唐朝政府通过

---

① （晋）陈寿撰、（宋）裴松之注：《三国志·蜀书·后主传》，中华书局2000年版，第669页。

② （晋）陈寿撰、（宋）裴松之注：《三国志·吴书·孙策传》，中华书局2000年版，第820页。

③ （晋）陈寿撰、（宋）裴松之注：《三国志·吴书·吴主传》，中华书局2000年版，第826页。

④ （晋）陈寿撰、（宋）裴松之注：《三国志·吴书·吴主传》，中华书局2000年版，第828页。

⑤ （晋）陈寿撰、（宋）裴松之注：《三国志·魏书·张既传》，中华书局2000年版，第355页。

⑥ （唐）魏徵撰：《隋书卷二十四·志第十九·食货》，中华书局2000年版，第465页。

⑦ （后晋）刘昫等撰：《旧唐书卷六·本纪第六·则天皇后》，中华书局2000年版，第81页。

交换、招抚、赎买等方式，将流出人口迁徙到内地。重点是将降服的“四夷”迁入内地。对于已在边城但不能守的人，则弃城将其迁往内地，保证人口存量和不被敌人掠走。作为补充措施，提出限制畿内民众迁往畿外。“乐迁”的前提是“自畿内徙畿外，自京县徙余县，皆有禁。”[①]由此表明，在推行徙狭就宽的基本原则没有突破，即只需“实近虚远”不可“虚近实远”。

宋朝一直受到北方少数民族的进逼。在紧张的对峙中，为了保护自己，削弱对方，常有人口迁徙活动。一是徙边民于内地。开宝二年（969 年），宋太祖征讨河东时，一次徙太原民众万余户与山东、河南一带安置，由地方供给粮食，通过征讨后的迁徙，削弱对方；而当边地因故不能守时，将人口迁往内地，使其不能资敌。二是徙降民于内地。对于投降归顺的民众，也视情况迁入内地，同样不留资敌。

（二）为了经济发展的徙民实边

唐朝沿袭之前的办法，利用徙罪犯和募民进行迁徙活动。唐朝的五刑之一便是流刑。尽管流刑的具体名目、裁量基准和处罚措施不尽相同，但都是迁徙到边远艰苦地区。罪犯实边，在省去征发的同时也留有弊端。“复有抵犯刑禁，谪徙军城，意欲增户实边，兼令展效自赎。既是无良之类，且加怀土之情，思乱幸灾，又甚戍卒。适足烦于防卫，谅无望于功庸，虽前代时或行之，固非良算之可遵者也。”[②]所以，唐朝在实行罪犯实边的同时兼有募民实边，以保证边境安全。为了更好地稳固边

---

① （宋）欧阳修、宋祁撰：《新唐书·卷五十一·志第四十一·食货一》，中华书局 2000 年版，第 884 页。

② （后晋）刘煦等撰：《旧唐书卷一百三十九·列传第八十九·陆贽》，中华书局 2000 年版，第 2590 页。

境，唐朝还施行“两定贯法”，即一户家庭两处籍贯。“凡户之两贯者，先从边州为定，次从关内，次从军府州。若俱者，各从其先贯焉”。[①] 这两处户籍，要按照边州、关内、军府州这样由远及近的顺序确定使用哪个户籍，即民众要实际居住哪里。如果两处户籍都在边州、关内、军府州，那么按照其最早登记的户籍来管理。这样充实边境人口已达到稳定边防的目的。唐朝实行徙狭就宽。唐朝初期的人口分布不均，造成局部的人口、土地矛盾。一部分地区地少人多，土地不够耕种；另一部分地区地大人少，土地无人耕种。

为了稳定民众、发展生产、提高自耕农比例、增加粮食产量和农业税收，唐朝中期开始推行徙狭就宽的人口政策和均田制的土地政策，化解人口与土地的矛盾。徙狭就宽的主要办法是：第一，以各种办法引导狭乡之民有迁徙之念。均田制规定：“田多可以足其人者为宽乡，少者为狭乡。狭乡授田，减宽乡之半。其他有薄厚，岁一易者，倍授之。宽乡三易者，不倍授。”[②]这是在授田、占田方面有待宽向之民，以促使狭乡之民徙往宽乡。同时，对宽乡和狭乡之民的赋税数量，也有轻重之分。例如，对狭地“关河之外，徭役全少”“江南、河北，弥复优闲”，对宽地“关、河之外，徭役全少；帝京、三辅，差科不一；江南、河北，弥复优闲。”[③]这在客观上形成了狭乡之民的迁移动机。在均田制中，土地是不可以买卖转移的，但如果徙狭就宽，就可对原土地进行出售。第二，适当放宽迁徙条件。后来政策进行调整，“京畿地狭，人户股繁，计丁受田，尚

① （后晋）刘煦等撰：《旧唐书卷四十三 · 志第二十三 · 职官二》，中华书局 2000 年版，第 1246 页。

② （宋）欧阳修、宋祁撰：《新唐书 · 卷五十一 · 志第四十一 · 食货一》，中华书局 2000 年版，第 882 页。

③ （后晋）刘煦等撰：《旧唐书卷七十八 · 列传第二十八 · 高季辅》，中华书局 2000 年版，第 1824 页。

犹不足”，客观存在的土地私自兼并，于是政府允许畿内、关内迁往宽乡。第三，给迁徙到宽乡之人优惠政策。《唐律疏议》记载：“人居狭乡，乐迁就宽乡，去本居千里外，复三年；五百里外，复二年，三百里外，复一年。”迁徙距离越远、优惠期限越长。对于边境之民，更与更加优惠的政策。“四夷降户，附以宽乡，给复十年。奴婢纵为良人，给复三年。没收蕃人，一年还者给复三年，二年者给复四年，三年者给复五年。浮民、部曲、客女、奴婢纵为良者附宽乡。”[①]

明朝继续实行“四民恒业”和“尚农重迁”的人口治理思想。诏令多次下达，都是为了尽可能地将民众固定在土地上，不得迁徙。当出现人地矛盾时，则实行徙狭就宽，使“游食者”固定于土地上。据《明史·卷七十七·志第五十三·食货一》中记载：“其移徙者，明初，尝徙苏、松、嘉、湖、杭民之无田者四千馀户，往耕临濠，给牛、种、车、粮，以资遣之，三年不征其税。”[②]与此同时，明朝初期还施行徙民实都与徙富实都，充实京城人口数量和财富。明朝统治者十分重视京师户籍的纯洁，常徙出罪民。

三、其他因素的人口迁徙

（一）源于自然环境的人口迁徙

人口迁徙的自然原因是躲避灾荒。据《周礼·地官·大司徒》中记载：“大荒、大札，则令邦国移民、通财、舍禁、弛力、薄征、缓刑。”[③]“大

---

① （宋）欧阳修、宋祁撰：《新唐书·卷五十一·志第四十一·食货一》，中华书局 2000 年版，第 882 页。

② （清）张廷玉等撰：《明史·卷七十七·志第五十三·食货一》，中华书局 2000 年版，第 1254 页。

③ 徐正英、常佩雨译注：《周礼》（上），中华书局 2018 年版，第 233 页。

荒”指大灾荒;“大札”指大瘟疫;即遇到大灾荒或大瘟疫的时候,国家就进行人口迁徙(移民)、调配财政物资(通财)、放宽政策限制(舍禁)、减免征讨赋税(驰力)、宽限犯人刑罚。对愿意离开灾荒之地的民众,国家引导迁徙至富饶之地。唐朝时期同样面临因自然灾荒导致的人口迁徙,称为人口浮逃。元朝允许因灾荒而进行迁徙的民众,并给予一定的优待。为了防止流民“犯上作乱”,元朝还禁止民间聚众。

明朝中期开始施行流民附籍政策。面对流民的增多,明朝政府一方面通过提供房舍、牲畜并免除一定期限赋役的政策引导其返回原籍,另一方面使用检括、惩罚的办法迫使他们返回原籍。但效果都不佳,不得不允许其当地附籍。弘治十七年(1504 年),“令抚按官严督所属,清查流民。流民不愿回还者,就令附籍。”清朝对于逃流的人口,除了采取各种办法使其返回原籍外,也根据情况,准予其入籍当地,成为合法迁民。清朝还有“湖广填四川”的说法,即四川的客户以湖广所占比例最大。当时为了吸引外省民众到本地开荒,清朝政府采取了一系列优惠政策:一是准其入籍。二是给其土地。三是赋税延期,即所开垦土地,一般三五年之后才进行征税。四是田赋从轻征收,其标准一般不高于土著。如此形成了封建社会特殊的人口迁徙模式,即以非法迁徙开始,以合法入籍终止。

(二)因违法犯罪的人口迁徙

对于违法犯罪的人员,国家进行人口迁徙以示惩戒。对于过失杀人情形:一般可以允许嫌疑人逃亡到千里之外;不让嫌疑人与受害者居住在同一个诸侯国;如果嫌疑人不愿逃亡,那么交由官府治罪。据《周里·地官·调人》中记载:“凡和难,父之仇辟诸海外,兄弟之仇辟诸千里之外,从父兄弟之仇不同国;君之仇视父,师长之仇视兄弟,主友之仇视从父兄弟。弗辟，则与之瑞节而以执之。”①宋朝同样把迁徙流放作为刑事处罚的手段，并且发展出一套成熟的体系。第一，罪徙的对象只要包括杀人犯、蛊惑犯和政治犯。蛊惑犯多指不轨之徒“徙永州诸县民之畜蛊者三百二十六家于县之僻处，不得复齿于乡。”②政治犯多指失势党人，一般会被流放到岭南，以示警诫。第二，迁徙的地点，根据对象不同，迁徙发配的远近也不同。据《宋史·刑法志》中记载：“配隶重者沙门岛砦，其次岭表，其次三千里至邻州，其次羁管，其次迁乡。”③

当罪徙到达迁徙流放地之后，政府对其进行编配。编配，包括羁管和编管。羁管，是指罪徙之人被流配之地的政府拘禁在一定处所，严加管束；编管是罪徙之人进入流配当地户籍管理。一是对编配之人进行区分。诸强盗、团伙杀人、放火、盗窃之徒党各不得同配一州。仍不得同时上道。五人以上不得同在一路。应配广南以清轻者分配福建路或三千里。对于编配之人，允许其携带家属。对于罪徙之人，当地政府除依法役使，还需进行保护。据《宋史·高宗本纪》中记载：“夏四月辛巳，诏诸州编管、羁管人，遵旧法，长吏月一验视，不许囚禁”④以及“诸移乡人贫乏不能自存者，地分人保明申州审察，不限时月，依乞丐人法，于常平仓口给口食，男子非老疾者减半”。除特殊罪犯，一般编配之人到达一定年限或遇大赦后都可回乡。

明朝继续实行罪徙制度，在法律中，带有罪徙性质的流刑种类很多。据《明史·卷九十三·志第六十九·刑法一》中记载：“流有安置，

① 徐正英、常佩雨译注：《周礼》（上），中华书局2018年版，第300页。

② （元）脱脱等撰：《宋史卷一·本纪第一·太祖一》，中华书局2000年版，第12页。

③ （元）脱脱等撰：《宋史卷二百一·志第一百五十四·刑法三》，中华书局2000年版，第3355页。

④ （元）脱脱等撰：《宋史卷三十一·本纪第三十一·高宗八》，中华书局2000年版，第389页。

有迁徙，去乡一千里，杖一百，准徙二年，有口外为民，其重者曰充军。充军者，明初唯边方屯种。后定制，分极边、烟瘴、边远、边卫、沿海、附近。军有终身，有永远。"[①]罪徙之人的家属可以随行，并可以入当地户籍。若流亡的人死亡，一般情况下家属都可以返回原籍。罪徙之人在法律规定上不一定赋役，这一点较之前朝是一退步。

清朝罪徙的种类繁多。隋唐之后随着"四民恒业"和"安土重迁"思想的固化，民众把迁徙视为"畏途"，主观上形成了以流放为主体的犯罪增多，亦把迁徙当作一种惩治犯罪的手段，导致清朝的罪徙增多。在所犯之罪中，处罚较重的是迁徙，"视五徙较重，视三流较轻"，凡处此刑者，强制流放到千里之外，不许返回原籍。处罚轻的是发遣。将罪犯发往边疆，称为驻防官兵的奴隶。处罚较轻的是充军。充军分为五种：极边、烟瘴为4000 里，边远为3000 里，近边为2500 里，附近为2000 里。充军一般"止及其身"，可以"更赦放还"，取消了"永远军戍"的规定。

（三）应考者的迁徙自由

宋朝商品流通繁荣，人口流动频繁，尤其是在科举应考上，类似于现在的高考移民。由于考试是只记名次，不看分数，为了更好地取得考试名次，应试之人可以离开本籍，到其他地方报名考试，但要得到所考地官员的认可。于是出现了很多冒籍考生。"哲宗时，初置在京小学，曰'就傅''初筮'，凡两斋。复取太学额百人还开封府。先是，开封解额稍优，四方士子多冒畿县乡，又隶太学不及一年不该解试者，亦往往冒

① （清）张廷玉等撰：《明史·卷九十三·志第六十九·刑法一》，中华书局2000 年版，第1525 页。

户。”[①]由此可知，宋朝统治者重视人才选拔，甚至可以为此放宽户籍限制；同时，限制迁徙确实有严格规定，以致应试者要冒名应试。

（四）针对人才的争夺迁徙

春秋战国时期，各诸侯国为了增强国力，都想方设法地吸引人才到本国，养士是其中主要办法。齐国的孟尝君、赵国的平原君、魏国的信陵君、楚国的春申君以养士众多而闻名。被养的士，从其来源来看，既有本国的，也有其他诸侯国的。说明当时尽管有限制人口迁徙的政令，但是在战争年代很少执行，形成了空前的人口自由流动的大环境。秦国因使用外来智士治国实现了国力大增，尽管秦始皇下逐客令，但李斯的《谏逐客书》，举例证明外来之士对秦国发展的巨大贡献。这些外来之士在秦国如愿以偿得到重用，大功于秦。秦也因此得以迅速发展，使国力大增。这说明战国时期人才是可以自由流动的。

第三节　宏观：通过增益人口达到国家级中央人口信息应用

在古代社会，人类抵御自然灾害的能力较弱。在自然界的侵袭面前，人类的自我保护与生命延续成为非常困难的事情。在有限的自然资源面前，人类面临着“零和博弈”，即对资源的占有不是对土地、矿产、水源的占有，而是对同类的控制中。历代统治者都认为，国家的国力不在于掌握了多少土地，而在于控制了多少人口。因此，中国古代人口信

① （元）脱脱等撰：《宋史卷一百五十七·志第一百一十·选举三学校试》，中华书局2000年版，第2449页。

息的应用表现为既对人口的全面掌握,又对现有人口的保养增益。人口增益对一国家显得尤为重要。

一、以考核官吏推进户口增益

据《周礼·地官·县师》中记载,西周时期已有一整套对官吏的考核制度,称为考比。考比的主要内容之一便是户口增耗。“县师掌邦国、都鄙、稍、甸、郊里之地域,而辨其夫家人民、田莱之数,及其六畜车辇之稽。三年大比,则以考群吏而已诏废置。”①县师掌管外连诸侯国、内自郊里,其中除采邑以外的都、县、稍、甸等公邑,负责查明其间可作劳力使用的男女民众、耕地与休耕地,以及其六畜、各种车辆的数目。每逢三年大校比,据此考察公邑所属官吏的政绩而报告上级,用来罢免或者晋升。春秋战国时期,官吏的世袭制逐渐被任命制取代,对官吏政绩的考核显得尤为重要。战国时的韩、赵、秦等国先后实行“上计制”,即每年年初地方官吏将管辖区域人口数量和赋役预算写在木券上,上报国君。年终岁末,地方官吏将一年的人口增耗和赋役结算写在木板上,上报国君请求核实。如果人口、赋役增加,地方官吏便可升迁;相反,往往会罢官收印,上计制被历朝继承并不断完善。

秦汉时期考核管理的制度延续上计制。上计的内容之一便是人口增耗情况。“秋冬岁尽,各计县户口垦田,钱谷入出,盗贼多少,上其集簿。丞尉以下,岁诣郡,课校其功。功多尤为最者,于廷尉劳勉之,以劝其后。负多尤为殿者,于后曹别责,以纠怠慢也。”②这表明以户口钱粮增耗升降官吏。对治理有方,户口赋税增益多者,及时奖励升迁。“霸

---

① 徐正英、常佩雨译注:《周礼》(上),中华书局 2018 年版,第 285 页。

② (宋)范晔撰、(唐)李贤等注:《后汉书卷志第二十八·百官五》,中华书局 2000 年版,第 2474 页。

以外宽内明得吏民心，户口岁增，治为天下第一。征守京兆尹，秩二千石。”①

隋唐时期对官吏的考比制较为完善。考比的内容之一也是人口增耗。唐武德年间规定：3万户以上为上州，5000户以上为上县，2000户以上为中县，1000户以上为中下县。这种做法，不仅便于行政管理，而且刺激地方官吏通过增益辖区人口达到个人升迁的目的。宋朝对官吏的考核称为“磨勘”，户口增耗是内容之一。首先是以户口的多少划定州县等级，同时确定官吏的员额与俸禄。如果户口发生变化，要及时调整。宋朝同样以户口增耗赏黜官吏。使地方官吏尽职尽责，促进辖区内人口增益，增加赋役收入。同时也带来弊端。有的地方官吏为了增加人口数量，采取各种不法手段，虚报户数、强行析户、擅改户别。虽然朝廷加以禁止，但履有存在不能根除。明清时期仍将人口增耗作为考核地方官吏的重要指标之一。据《明史·卷一百六十一·列传第四十九·彭勖》中记载：“守令课绩，宜以户口增耗为殿最。”②清同前朝，也以户口增耗考核地方官吏，同样也出现了冒增假报的情形。只是由于不如前朝重视，弊端也显现少一些。

二、以早婚多生提高人口数量

在西周时期有专职婚姻的官吏称为“媒氏”。据《周礼·地官·媒氏》中记载：“媒氏掌万民之判。凡男女自成名以上，皆书年月日名焉。令男三十而娶，女二十而嫁。凡娶判妻入子者，皆书之。”③媒氏掌管民

① （汉）班固撰、（唐）颜师古注：《汉书卷八十九·循吏传第五十九·黄霸》，中华书局2000年版，第2692页。

② （清）张廷玉等撰：《明史·卷一百六十一·列传第四十九·彭勖》，中华书局2000年版，第2914页。

③ 徐正英、常佩雨译注：《周礼》（上），中华书局2018年版，第302页。

众的婚姻。凡男女自出生三月父亲为其取名的,都要将婴儿出生的年月日及姓名报给媒氏登记备案。男子要在三十岁前娶妻,女子要在二十岁前嫁人。凡是娶被丈夫休出、夫死再嫁人以及后妻所带子女的,都要在媒氏进行登记备案。在具体操作中,据《周礼·地官·媒氏》中记载:"中春之月,令会男女。于是时也,奔者不禁。若无故而不用令者,罚之。司男女之无夫家者而会之。凡嫁女娶妻,入币纯帛,无过五两。"①每年早春二月,阴阳二气交合,此时最合天时进行婚配,令男女成婚。此时,如果有私奔也不进行禁止。如果无缘无故而不遵守上述婚嫁规定的,就要对他们进行处罚。还要关注已超婚龄且尚未成婚的男女,帮助他们成婚。凡嫁女娶妻,男方给女方的聘礼用缁帛,总数不超过五匹。

春秋时期诸子百家从理论到实践较多推崇早婚。孔子提出,"夫礼言其极,不是过也。男子二十而冠,有为人父之端;女子十五许嫁,有适人之道,于此而往,则自婚矣。"即孔子主张男子20岁、女子15岁就要成婚。越王勾践增加本国人口,将婚配上升到法律。"令壮者无取老妇,令老者无取壮妻。女子十七不嫁,其父母有罪;丈夫二十不娶。其父母有罪。"这一措施加之其他政策,使越国人口数量迅速增加,国力大增,终于战胜吴国,一雪前耻。齐国管仲实行变法也有类似措施。"齐桓公微服以巡民家,人有老年而自养者。桓公问其故,对曰:'臣有子三人,家贫,无以妻之,佣未反。'桓公归,以告管仲。管仲曰:'畜积有腐弃之材则人饥饿,宫中有怨女则民无妻。'桓公曰:'善'。乃论宫中有妇人而嫁之。"下令于民早结婚出嫁。此外,春秋战国时期早婚的同时不忘优育。春秋以前的男女婚姻,受社会发展限制,多为近亲结婚。在长期

① 徐正英、常佩雨译注:《周礼》(上),中华书局2018年版,第303页。

的婚姻过程中，人们已经开始意识到近亲婚姻的危害，“男女同姓，其生不蕃”。在春秋战国时期，很多诸侯国都规定娶妻不娶同姓。除了优生优育外，同姓不婚还有政治考量，“天地合，而后万物兴焉。夫昏礼，万世之始也。取于异姓，所以附远厚别也。”①即通过异姓婚姻建立政治联盟，完善与邻国关系。在优生的基础上，国家奖励多生多育。越国勾践推行早婚更奖励多生，产妇快要分娩时，要报告官府，官府会派医生守护。若生男孩，奖励两壶酒，一只狗；若生女孩，奖励两壶酒，一只猪。生三个孩子，官府配给乳母哺育。生两个子女，政府给予食品。在齐国，重奖多生家庭。家中有三个孩子，妇女免除赋役。有四个孩子，全家免除赋役。有五个孩子，除全家免除赋役外，国家配给一名保姆，最小孩子和保姆的口粮由国家承担，一直到孩子长大为止。面对孤儿，齐国管仲倡导抚养并给出优惠政策。养育一名孤儿，免一人赋役；养育两名孤儿，免两人赋役；养育三名孤儿，免全家赋役。

秦汉时期鼓励早婚，对晚婚者倍算。秦汉时期的农民战争尤其是楚汉争霸使户口骤减。汉初实行“无为而治”与民休息，鼓励早婚。对于超过法定年龄而不婚者，进行经济惩罚。“女子年十五以上至三十不嫁，五算。”②“五算”即“自十五至三十为五等，每等加一算”，是对女子的一种惩罚，而且随年龄增大惩罚越来越重。对于婚后怀孕和生产者，汉朝更加以鼓励。“令云‘人有产子者，复勿算三岁’。今诸怀妊者，赐胎养谷人三斛，复其夫，勿算一岁，著以为令。”③即对产子者免除赋役，对怀孕者赐给粮食。对于生育家庭，汉朝给予优惠政策。“令民产子复

---

① 胡平生、张萌译注：《礼记·郊特性第十一》，中华书局2018年版，第500页。

② （汉）班固撰、（唐）颜师古注：《汉书卷二·惠帝纪第二》，中华书局2000年版，第67页。

③ （宋）范晔撰、（唐）李贤等注：《后汉书卷三·肃宗孝章帝纪第三》，中华书局2000年版，第101页。

勿事二岁”和“民有产子者复以三年之算”，即对产子家庭，免除一定期限的赋役。

魏晋南北朝时期继续实行早婚措施。相关诏令有“女年十七父母不嫁者，使长吏配之”“自今以后，男年十五，女年十三以上，爰及鳏寡，所在军民，以时嫁娶，务以节俭，勿为财币稽留。”[①]“女子十五不嫁，家人坐之。”[②]在提倡早婚的同时，为了提高婚配生育率，官府带头遣送宫女，使用不育妇女为奴。“凡宫中女隶，必选不复字者。庶家内役，皆令各有所配。”[③]同时提倡节俭婚礼，隋唐时期一度出现很早的婚配年龄。隋唐的婚配制度是，在不违背礼制的基础上，尽量使男女双方早婚，失偶者重新婚配，并将婚配情况作为考核地方官吏的重要指标之一。

宋朝继续奖励多生并保养胎幼。尽管当时已有人提出人口的多少不能决定国家的强弱，人口质量才是提升人口的关键，但多育多生的思想依旧存在。在民间生育多子的人户，都会收到奖励并载入史册。宋朝战乱频发，赋役加重。为逃避赋税，不少地方百姓生子不报，对此国家严令禁止，在保甲中进行。对于生育之后不能养育的人户，国家给予补助。

元朝时期奖励多产、禁止溺婴。政府曾给出将婢女身份赎为良人，由贱入良这样很高的奖赏。对产子多者，元朝免除赋役。无论何种户籍，若一产三男，即免三年差役。在明朝，人口的思想发生了一个转变。在明清时期，由于社会相对安定，使战乱时减少的人口自然增值的速度较快，尤其是清朝实行的滋生人丁永不加赋的政策后，户口登记册上的人口成倍增加。此时，统治者就认为在正常情况下，生人之数增加，若

① （唐）令狐德棻等撰：《周书卷五·帝纪第五》，中华书局2000年版，第58页。

② （梁）沈约撰：《宋书卷八十二·列传第四十二·周朗》，中华书局2000年版，第1388页。

③ （梁）沈约撰：《宋书卷八十二·列传第四十二·周朗》，中华书局2000年版，第1388页。

无大变动，增长率不会降低，然而这会出现土地不服分配的情况。供养人口的土地，房屋将日渐不负，这暗示人口不能无限的增长。在这种情况下，明清的统治者所以原则上也承袭前代户口增长的制度，但行之不利，日渐颓废，该时期的户口增长较少。由于明清时期社会安定，人口自然增长较快，也就不再提及早婚、早育、早产了。

三、以养老恤孤维护人口稳定

西周时期已有养老制度。“凡养老：有虞氏以燕礼，夏后氏以飨礼，殷人以食礼，周人修而兼用之。”[①]“老”在古代有两重含义：一是指本族长辈，二是指年岁大者。本族长辈以宗谱辈分划分；年岁大者，以年龄划分。一般来说，50 岁为艾，60 岁为耆，70 岁为耄，80 岁为耋，90 岁为鲐背，100 岁为期颐。养老的对象，一般不包括直系父母、祖父母。因为与他们的关系是“孝”不是“养”，尽管“孝”包含“养”的内容，但“孝”的规范比“养”更高。“孝”是指“孝有三：大孝尊亲，其次弗辱，其下能养。”[②]养老的对象主要有三种：一是同族老人，即旁系长辈；二是同国异族老人；三是异国异族但有名望的老人。养老的具体办法包括：第一，专人负责。在地方由乡大夫具体登记老者免除赋役事项，在中央由大司徒专职负责。第二，有专门场所。“五十养于乡，六十养于国，七十养于学。”[③]第三，免除赋役。“五十不从力政，六十不从服戎，七十不与宾客之事，八十齐丧之事弗及也”[④]、“八十者，一子不从政；九十者，其家不从政。”[⑤]第四，生活优待。西周认为老人“五十始衰，六十非肉不饱，七

---

① 胡平生、张萌译注：《礼记 · 王制第五》，中华书局 2018 年版，第 276 页。
② 胡平生、张萌译注：《礼记 · 祭义第二十四》，中华书局 2018 年版，第 913 页。
③ 胡平生、张萌译注：《礼记 · 王制第五》，中华书局 2018 年版，第 276 页。
④ 胡平生、张萌译注：《礼记 · 王制第五》，中华书局 2018 年版，第 277 页。
⑤ 胡平生、张萌译注：《礼记 · 王制第五》，中华书局 2018 年版，第 280 页。

十非帛不暖，八十非人不暖，九十虽得人不暖矣。”[①]针对此，规定了“五十异长，六十宿肉，七十贰膳，八十常珍，九十饮食不离寝，膳饮从于游可。”[②]第五，给予老者政治殊荣。有民众达到50岁，给予国家爵位“五十而爵”的说法。[③] 对于80岁以上的老人“虽有罪，不加刑焉”。天子遇见老者要行礼。“天子巡狩，诸侯待于竟，天子先见百年者。八十、九十者东行，西行弗敢过；西行，东行者弗敢过。”[④]在社会活动中更加尊敬老人，“乡饮酒之礼：六十者坐，五十者立侍以听政役，所以明尊长也。六十者三豆，七十者四豆，八十者五豆，九十者六豆，所以明养老也。”[⑤]

汉朝的养老沿袭前朝，更加凸显国家重视。在县、乡设置“三老”，选择民间年高德重者担任，表达国家敬老之义，让其处置民间纠纷，劝民从善、淳化风俗。同时对老人按照年龄分类，给予减免徭役、减轻赋税和给丁侍养的优惠政策。汉朝还将所养之人扩大到疾、贫、孤、独、鳏、寡等人。

宋朝对养老非常重视，从经济、政治、法律和社会层面进行关怀。首先，在经济上，对年老者发钱发物。其次，在政治上，对年老者给予名誉。“辛巳，补诸州父老百岁以上者十二人为州助教”[⑥]、“乙未，福州福安县民罗母年过百岁，特封孺人，复其家，敕有司岁时存问，以厚风化。”[⑦]再次，在法律上，给年老者后代赦免，进行侍养。最后，在社会层面，对贫疾鳏寡进行侍养。

---

① 胡平生、张萌译注：《礼记 · 王制第五》，中华书局2018年版，第277页

② 胡平生、张萌译注：《礼记 · 王制第五》，中华书局2018年版，第277页。

③ 胡平生、张萌译注：《礼记 · 内则第十二》，中华书局2018年版，第539页。

④ 胡平生、张萌译注：《礼记 · 祭义第二十四》，中华书局2018年版，第921页。

⑤ 胡平生、张萌译注：《礼记 · 乡饮酒义第四十五》，中华书局2018年版，第1196页。

⑥ （元）脱脱等撰：《宋史卷十二 · 本纪第十二 · 仁宗四》，中华书局2000年版，第164页。

⑦ （元）脱脱等撰：《宋史卷四十三 · 本纪第四十三 · 理宗三》，中华书局2000年版，第562页。

参考文献

1.（汉）司马迁撰、（宋）裴骃集解、（唐）司马贞索隐、（唐）张守节正义:《史记》,中华书局2000年版。

2.（汉）班固撰、（唐）颜师古注:《汉书》,中华书局2000年版。

3.（宋）范晔撰、（唐）李贤等注:《后汉书》,中华书局2000年版。

4.（晋）陈寿撰、（宋）裴松之注:《三国志》,中华书局2000年版。

5.（唐）房玄龄等撰:《晋书》,中华书局2000年版。

6.（梁）沈约撰:《宋书》,中华书局2000年版。

7.（北齐）魏收撰:《魏书》,中华书局2000年版。

8.（唐）令狐德棻等撰:《周书》,中华书局2000年版。

9.（唐）魏徵撰:《隋书》,中华书局2000年版。

10.（后晋）刘煦等撰:《旧唐书》,中华书局2000年版。

11.（宋）欧阳修、宋祁撰:《新唐书》,中华书局2000年版。

12.（元）脱脱等撰:《宋史》,中华书局2000年版。

13.（明）宋濂等撰:《元史》,中华书局2000年版。

14.（清）张廷玉等撰:《明史》,中华书局2000年版。

15. 汤可敬译注:《说文解字》,中华书局2018年版。

16. 徐正英、常佩雨译注:《周礼》,中华书局 2018 年版。
17. 胡平生、张萌译注:《礼记》,中华书局 2018 年版。
18. 李山、轩新丽译注:《管子》,中华书局 2019 年版。
19. 赵尔巽等撰:《清史稿》,中华书局 2021 年版。